Kauderwelsch
Band 71

Impressum

Isabelle Imhof
Schwiizertüütsch - das Deutsch der Eidgenossen
erschienen im
REISE KNOW-HOW Verlag Peter Rump GmbH
Osnabrücker Str. 79, D-33649 Bielefeld
info@reise-know-how.de

Bearbeitung	Claudia Schmidt
Layout	Maja Kolakowska
Layout-Konzept	Günter Pawlak, FaktorZwo! Bielefeld
Umschlag	Peter Rump (Titelfotos: Christian Müller und Isabelle Imhof)
Kartographie	Iain Macneish
Illustration	aus s'Knüslis, © Edition Moderne, Zürich
	Foto S. 144: Palma Fiacco
Druck und Bindung	Fuldaer Verlagsagentur, Fulda

ISBN 3-89416-261-9
Printed in Germany

Dieses Buch ist erhältlich in jeder Buchhandlung der BRD,
Österreichs, der Schweiz und der Benelux. Bitte informieren
Sie Ihren Buchhändler über folgende Bezugsadressen:

BRD Prolit GmbH, Postfach 9, 35461 Fernwald (Annerod)
sowie alle Barsortimente

Schweiz AVA-buch 2000, Postfach 27, CH-8910 Affoltern

Österreich Mohr Morawa Buchvertrieb GmbH
Sulzengasse 2, A-1230 Wien

Belgien & Niederlande Willems Adventure, Postbus 403, NL-3140 AK Maassluis
direkt Wer im Buchhandel kein Glück hat, bekommt unsere Bücher
zuzüglich Porto- und Verpackungskosten auch direkt beim
Rump Direktversand, Heidekampstraße 18, D-49809 Lingen
oder über unseren Internet-Shop: **www.reise-know-how.de**
Zu diesem Buch ist ein **Tonträger** erhältlich, ebenfalls in
jeder Buchhandlung der BRD, Österreichs, der Schweiz und
der Benelux.
Der Verlag möchte die **Reihe Kauderwelsch**
weiter ausbauen und **sucht Autoren**!
Mehr Informationen finden Sie auf unserer Internetseite
**www.reise-know-how.de/buecher/special/
schreiblust-inhalt.html**

Kauderwelsch

Isabelle Imhof

Schwiizertüütsch

das Deutsch der Eidgenossen

**REISE KNOW-HOW
im Internet
www.reise-know-how.de
info@reise-know-how.de**

*Aktuelle Reisetipps
und Neuigkeiten,
Ergänzungen nach
Redaktionsschluss,
Büchershop und
Sonderangebote
rund ums Reisen*

Die
REISE KNOW-HOW Verlag
Peter Rump GmbH
ist Mitglied der
Verlagsgruppe REISE KNOW-HOW

Kauderwelsch-Dialektführer sind anders!

Warum? Weil sie die Zugereisten - egal ob touristisch oder beruflich - in die Lage versetzen, das Kauderwelsch der alteingesessenen Bewohner vor Ort mit all seinen fremdartig und zuweilen lustig klingenden Lauten und Ausdrücken wirklich zu verstehen, und sich gekonnt in die **Lebensart, das Lebensgefühl, die Lebensphilosophie** der Menschen vor Ort einzufühlen. Denn ein Dialekt ist nie nur eine andere Art zu sprechen, sondern der Spiegel einer anderen Art zu denken, fühlen, genießen, leben und lieben.

Wir verzichten daher auf lange sprachwissenschaftliche Abhandlungen über die Herkunft des Dialektes und kommen nach den **grundlegenden lautlichen und grammatikalischen Unterschieden** gleich zu dem, was Alteingesessene auf der Straße und Zuhause sprechen. So wird es ein Leichtes dem Charme des trockenen Humors und der bildreichen Sprache der deutschen Dialekte und Mundarten zu erliegen.

Die **Autorinnen und Autoren** werden Sie immer wieder zum Schmunzeln bringen und gekonnt Mentalität und Lebensgefühl des jeweiligen Sprachraumes vermitteln. Es erwarten Sie sprachliche Leckerbissen, gespickt mit **umgangssprachlichen Floskeln, Redewendungen und lockeren Sprüchen**, die den Mutterwitz der Bewohner charakterisieren.

Glücklicherweise gibt es noch Menschen - alt und jung, Zugereiste oder Alteingesessene- , die das **Hochdeutsche** mit Liebe links liegen lassen und Ihnen mit einer gehörigen Portion Dialekt einige Rätsel aufgeben. Das gilt natürlich auch für **Wienerisch** oder **Schweizerdeutsch**.

Und weil's so schön ist, erfreut sich manch ein Dialekt auch weit über die eigentlichen Sprachgrenzen hinaus großer Beliebtheit wie z.B. **Kölsch** - die Sprache der Domstadt am Rhein -, oder **Berlinerisch** - man denke da nur an Kennedy's Ausspruch "Ick bin ein Berliner"-, oder **Sächsisch**, was nach der Wende besonders oft scherzhaft nachgeahmt wurde.

Inhalt

63 Choder und Herzpoppere
66 Schnurz und Wurscht
106 Henne-, Hüüne-, Hüperguet
107 Schitter, Hool und Faad
109 Globi, Knorrli, Täät Garee
116 Zweierchischte und Fangise

Anhang

124 Literaturhinweise
128 Wortregister
144 Die Autorin

8

Vorwort

Liebe Leserinnen und Leser!

Dieses Buch enthält Ausdrücke, die jetzt in der Schweiz aktuell und gebräuchlich sind. Da es große regionale Unterschiede in der Verbreitung der Wörter gibt, kann mir bei meiner Suche auch mal ein Wort entgangen sein. Dazu entstehen oft sehr schnell neue Ausdrücke, andere sind plötzlich veraltet und außer Gebrauch. Damit dieses Buch so aktuell wie möglich bleibt, bin ich auf Eure Hilfe angewiesen. Teilt mir bitte weitere Wörter mit, die Ihr unterwegs hört. Schreibt mir auch, wann und vor allem wo Ihr sie gehört habt. Für verwertete Ergänzungen zeigt sich der Verlag mit einem Freiexemplar der nächsten Auflage erkenntlich. Ihr erreicht mich über die Verlagsadresse.

Schweizerdeutsch ist keine Sprache, sondern ein Begriff! Gemeint ist damit die Gesamtheit aller deutschsprachigen Dialekte, die in der Schweiz gesprochen werden. Die einzige überregionale Sprache ist das (schweizer) Hochdeutsch, das von vielen aber bereits als Fremdsprache empfunden wird. Es kommt immer wieder vor, dass Deutsche kopfschüttelnd feststellen: „Ihr Schweizer sprecht zwar Deutsch, aber ich verstehe kein Wort."

Tatsächlich erzeugen wir Schweizer häufig ein Schmunzeln, selbst wenn wir uns

bemühen, Hochdeutsch zu sprechen, denn wir behalten unsere typisch alemannische Satzmelodie bei. Oft ist auch unsere Aussprache mehr oder weniger stark von unseren Dialekten geprägt. Diese Eigentümlichkeiten sind aber nicht der einzige Unterschied. In den „Alpenländern" haben viele Dialekte die letzten Lautverschiebungen nicht mitgemacht. Deshalb werden viele Wörter anders ausgesprochen, aber die Vokabeln unterscheiden sich auch sehr häufig vom deutschen Sprachgebrauch. Hier merkt man die Nähe zu Frankreich und Italien, denn einige dieser Wörter wurden von dort importiert.

Natürlich können Deutsche damit rechnen, überall verstanden zu werden. Es kann aber sein, dass sie eine Antwort auf Schweizerdeutsch erhalten und dass auch in der geschriebenen Sprache Ausdrücke aus der schweizer Umgangssprache verwendet werden. Um Land und Leute wirklich kennen zu lernen, ist die Kenntnis der wichtigsten Begriffe notwendig.

Der Kauderwelsch „Schwiizertüütsch" stellt sowohl die normale schweizerdeutsche Umgangssprache vor als auch die „lockere Sprache des Alltags" und ermöglicht so den Zugang zum aktuellen Schweizerdeutsch.

Viel Spaß!

Isabelle Imhof

Hinweise zum Gebrauch

Zunächst werden allgemein die **Aussprache und die Besonderheiten** des Schweizerdeutschen erklärt. Außerdem stelle ich die ganz „normalen" schweizerdeutschen Ausdrücke vor, die im Deutschen anders heißen und nicht ohne weiteres verstanden werden, wenn man sie hört. Einige dieser Wörter klingen zwar wie im Deutschen, heißen im Schwiizertüütschen aber etwas ganz anderes.

Der zweite Teil des Slang-Bandes „Schwiizertüütsch" beschäftigt sich mit der „lockeren Sprache des Alltags"; das sind Ausdrücke, die man zwar oft zu hören bekommt, die man aber nicht unbedingt in einem Wörterbuch finden kann.

Das von mir vorgestellte Schweizerdeutsch stützt sich hauptsächlich auf die **Umgangssprache der Region Zürich**, der bevölkerungsreichsten Gegend der Schweiz. Viele der Slangwörter und lockeren Redewendungen werden natürlich meistens von Jugendlichen verwendet, von jungen Leuten, z. B. in Kneipen, Schulen oder Discos. Man kann also nicht erwarten, dass irgendeine ältere Bauersfrau oder ein Alphirt diese „Sprache" spricht. Die meisten der von mir gesammelten Begriffe sind zwar auch in allen anderen Regionen verbreitet, werden dann manchmal jedoch etwas anders ausgesprochen.

Es ist klar, dass eine Sammlung von Slangwörtern und umgangssprachlichen Ausdrücken auch Wörter enthalten, die nicht gerade piekfein sind. Ausdrücke, die man nach Möglichkeit nicht verwenden sollte, habe ich mit einem * gekennzeichnet.

Da echter Slang immer Sprache einer abgrenzbaren Minderheit (z. B. Schüler, Cliquen etc.) darstellt, kann es sein, dass bestimmte Ausdrücke nur in einigen Gegenden vorkommen oder dass sie sich nur langsam verbreiten. Es ist daher unmöglich zu sagen, ob ein Wort, das in Zürich total „in" ist, auch in Bern oder Basel gebraucht wird und umgekehrt. Slang unterwirft sich keinen starren Regeln und lässt sich schon gar nicht durch irgendwelche Grenzen aufhalten. Das bedeutet, dass Slang auch nicht gegen Umgangssprachen abgegrenzt werden kann. Denn wenn plötzlich viele Leute ein Slangwort benutzen, ist es streng genommen keins mehr.

Da das **grammatische Geschlecht** eines schweizerdeutschen Wortes nicht immer mit dem des entsprechenden hochdeutschen Wort übereinstimmt, ist bei Hauptwörtern stets der bestimmte Artikel **(de, d** oder **s)** — manchmal auch der unbestimmte Artikel — ergänzt:

de Maa	der Mann	**en Maa**	ein Mann
d Frau	die Frau	**e Frau**(*)	eine Frau
s Chind(**)	das Kind	**es Chind**	ein Kind

*(*) in der Region Luzern sagt man **en Frau***
*(**) in der Region Bern sagt man **ds Chind***

Im **Anhang** dieses Bandes sind alle Ausdrücke noch einmal stichwortartig und alphabetisch geordnet aufgelistet. Die Seitenzahl(en) dahinter gibt (geben) an, wo ein Wort, ein Ausdruck oder ein Stichwort und die entsprechende Übersetzung im Buch steht. Sucht man z. B. den Ausdruck **is Chämi schriibe**, findet man hinter **Chämi** die entsprechende(n) Seitenzahl(en).

Aussprache

Von den etwa 6,5 Millionen Einwohnern der Schweiz sprechen ungefähr zwei Drittel irgendeinen schweizerdeutschen Dialekt.

Eine überregionale Sprache gibt es nicht. Ein St. Galler spricht auch zu einer Baslerin seine eigene Sprache, eine Bündnerin wird auch in Bern verstanden. Die typischen Unterschiede sind oft Anlass zu Witzeleien, andererseits lässt sich durch die Sprache sogleich erkennen, aus welcher Gegend jemand kommt.

Grundlage für die vorliegende Sammlung ist die zürichdeutsche Aussprache. Eine einheitliche Schreibregelung gibt es nicht. Ich folge mehr oder weniger einer Konvention, die heute in vielen Sprachbüchern angewendet wird (sogenannte Dieth-Schrift), allerdings in einer vereinfachten Variante:

Längen werden durch Verdopplung des Buchstabens wiedergegeben, z. B. **suufe** (saufen).

h wird immer deutlich gesprochen und ist kein Dehnungszeichen wie im Deutschen.

s vor **t** und **p** wird wie ein stimmloses **sch** ausgesprochen, z. B. **stier** „**sch**tier" (pleite), oft auch im Wortinnern: „Bii**sch**piil" (Beispiel).

Die Mitlaute **k, p, t** werden nicht behaucht! Bei Ausnahmen (z. B. bei Eigennamen und einigen Fremdwörtern) wird das **h** auch geschrieben, um zu kennzeichnen, dass an dieser Stelle der Mitlaut doch behaucht wird, z. B. **Thee** (Tee).

Das auslautende **-e** am Wortende wird unbetont gesprochen (wie deutsch „Lieb**e**"). Ein doppeltes **-e** am Wortende wird wie ein langes **e** gesprochen, z. B. **säckee** „säck**ee**" (müde).

s und **z** werden in der Regel stimmlos ausgesprochen, **ch** wird immer rau ausgesprochen, z. B. wie in „Bu**ch**" oder „A**ch**tung", niemals aber wie in „Bei**ch**te"!

Wenn einem in der Schweiz der Buchstabe **y** begegnet (z. B. in der Bezeichnung des Berner Wahrzeichens **Zytgloggeturm** (Zeitglockenturm, Zeit = Uhr!), wird dieses wie ein langes **i** ausgesprochen. In diesem Buch wird **y** als **ii** wiedergegeben - **y** ist die ältere Schreibweise. Der Buchstabe selbst heißt bei vielen Leuten noch „Ipsilon" statt „Üpsilon".

Die Buchstabenfolge **üe** ist häufig. Dabei müssen die beiden Laute unbedingt getrennt gesprochen werden, ein **ü** gefolgt von einem unbetonten **e**, z. B. **Müesli** (Brei, „Mus") und nicht **Müüsli** (Maus)!

Ebenso verhält sich die Buchstabenfolge **ie**. Das **e** muss schwach hörbar sein und ist hier kein Dehnungszeichen, z. B. **lieb** (lieb) und nicht **Liib** (Leib)!

Das Schweizerdeutsche

Die sprachliche Situation der Schweiz ist außergewöhnlich. Da wird, je nach Gebiet, Deutsch, Französisch, Italienisch oder Rätoromanisch gesprochen. Die meisten Leute sprechen oder verstehen noch mindestens eine weitere Landessprache.

Es gibt einige Orte, wie z. B. die Städte Biel/Bienne und Freiburg/Fribourg, die zweisprachig sind.

Hier werden nicht nur die Straßen doppelt ausgeschildert, auch bei Regierungsversammlungen werden beide Sprachen gebraucht, und zwar kreuz und quer.

Auch innerhalb der sogenannten Deutschschweiz gibt es keine einheitliche Sprache. Hochdeutsch wird höchstens für öffentliche Reden oder im Umgang mit Fremdsprachigen verwendet.

Sonst sprechen alle Schweizer ihren Dialekt, egal welcher sozialen Schicht sie angehören. Die Sprache der Gosse unterscheidet sich vor allem in der Stilebene, also der Wortwahl, vom Geplauder eines feinen Damenkränzchens.

Viele Begriffe, die in den letzten Jahren allgemeine Umgangssprache geworden sind, waren eigentlich ursprünglich Slangausdrücke.

Oft ist es jedoch nicht möglich zu entscheiden, ob ein Wort nun „Slang" ist oder zur normalen, alltäglichen Umgangssprache gehört. Auf der anderen Seite gibt es aber auch viele Leute, die ein Wort als Slang bezeichnen, obwohl es bereits seit dem letzten Jahrhundert belegt ist. Die Umgangssprache enthält viele fremdsprachige Ausdrücke, was den Schweizern manchmal nicht mehr bewusst ist. So kommt z. B. das Wort **Tschooli** von ital. *ciola* und bedeutet in beiden Sprachen „Dummkopf". Ich bezeichne im Folgenden die Herkunftssprache nur, wo sie noch erkennbar ist.

zur Entstehung

Der Begriff „Schweizerdeutsch" umfasst alle alemannischen Dialekte, die in der Schweiz gesprochen werden. Dass dabei kein Dialekt dominiert und sich keine Einheitssprache etablieren konnte, lässt sich historisch erklären: Die Schweiz besteht aus einem Bund verschiedener Staaten (ähnlich wie die USA), die sich im Laufe einiger Jahrhunderte zusammengeschlossen haben. Dabei gelang es den alten Eidgenossen immer wieder, Machtansprüche einzelner Staaten einzudämmen und ein politisches Gleichgewicht herzustellen. Bis ins letzte Jahrhundert hatte jeder Staat eine eigene Währung und konnte Grenzzölle erheben! Den Staaten entsprechen heute die Kantone.

Einige Begriffe der alten „Staaten" haben sich aber erhalten. So ist z. B. der „Staatsanwalt" für seinen Kanton zuständig, die „Bundesanwältin" jedoch für die ganze Schweiz.

Anfang dieses Jahrhunderts wurde den Dialekten der sichere Untergang vorausgesagt. Immer mehr Leute der Oberschicht begannen, Hochdeutsch zu sprechen. In den dreißiger Jahren entstand eine Gegenbewegung, die aus patriotischen Gründen die schweizer Dialekte erhalten wollte. Während des Krieges war die Sprache ein Mittel, sich von Deutschland abzugrenzen. Seither nimmt der Trend zur Mundart weiterhin zu.

Wer Hochdeutsch sprach, machte sich verdächtig.

Heute werden viele Funk- und Fernsehsendungen schweizerdeutsch moderiert. Nun wird von konservativer Seite der Untergang des (schweizer) Hochdeutschen beklagt! Ein wichtiges Argument ist, dass Tessiner und Welsche (also italienisch bzw. französisch sprechende Landsleute) in der Schule keinen Dialekt, sondern Hochdeutsch lernen und somit in einem Gespräch benachteiligt sind.

wichtige Unterschiede zum Deutschen

Den deutschen Umlauten „au, eu, ei" entsprechen die langen Vokale **uu, üü, ii**, z. B. **Luus** (Laus), **Lüüt** (Leute), **Ziit** (Zeit).

Das **n** am Wortende fällt weg, z. B. **faare** (fahren).

Die Vorsilben **ge-** und **be-** werden gekürzt zu **g-** und **b-**, z. B. **bhalte** (behalten)

Die einfache Vergangenheitsform (Präteritum) gibt es im Schweizerdeutschen nicht, so bedeutet **„ich bi choo"** sowohl „ich bin gekommen" als auch „ich kam".

Mit wenigen Ausnahmen ist auch der Wes-Fall (Genitiv) verschwunden. Besitz usw. wird mit **vo** (von) umschrieben. Deshalb werden Wörter wie „trotz" und „während" mit **dem** gebildet, z. B. **„trotz dem Regen"** für „trotz des Regens".

Viele Fremdwörter werden auf der ersten Silbe betont, z. B.: **Zigarette, Kafi** (Kaffee), **Balkon** usw.

„kommen" und „gehen" werden verdoppelt, wenn sie zusammen mit einem anderen Tätigkeitswort gebraucht werden: **„ich chumm cho hole"** (ich komme kommen holen), **„ich gang go(ge) ässe"** (ich gehe gehen essen). Ähnlich funktioniert der Ausdruck für „hindurch", das mit **dur ... dure** gebildet, also auch verdoppelt wird, z. B. **„dur s Tunell dure"** (durch den Tunnel durch).

Verkleinerung

Man sollte auf jeden Fall vermeiden, einfach hinter jedes Wort ein **„-li"** anzuhängen, selbst wenn man es häufig zu hören bekommt. Es kann – falsch angewendet – sehr schnell anbiedernd oder lächerlich wirken. So ist zum Beispiel das „Geld" viel zu wichtig, um „verkleinert" zu werden. (Es gibt natürlich Ausnahmen, z. B. im Wort **Stützlisex,** der Bezeichnung für „Peep-Shows".)

Wer für die schweizer Währung *„Fränkli"* sagt, macht sich gleich als Fremder erkennbar! Manchmal verändert ein Wort durch die Verkleinerungsform **-li** seine Bedeutung: **Chind** (Kind), **Chindli** (Baby).

Besonderheiten bei geschriebenen Texten

Zeitungen oder Briefe sind normalerweise in schweizer Hochdeutsch abgefasst. Man wird darin bestimmt einige Ausdrücke antreffen, die man noch nicht kennt. Meistens handelt es sich dabei um Wörter, die aus Dialekten eingeflossen sind und einfach „deutsch" geschrieben wurden. Diese Ausdrücke werden *Helvetismen* genannt und sind auch in der schweizer Literatur sehr verbreitet.

Das Zeichen **ß** wurde vor ca. 60 Jahren abgeschafft und durch **ss** ersetzt.

CH ist das offizielle Landeskennzeichen. Es ist die Abkürzung von **Confoederatio Helvetica**

(Schweizerische Eidgenossenschaft) und dient häufig als Kürzel für „Schweiz": **CH-Bürgerin** (schweizer Bürgerin).

Das von der linken Presse eingeführte große „**I**" in der Wortmitte wurde anfänglich belächelt. Es soll die Frauen jeweils ausdrücklich miteinschließen, ohne dass ein Wort zweimal geschrieben werden muss, z. B. **LeserInnen** (Leserinnen und Leser). Mittlerweile hat das große „**I**" aber auch in etablierten Blättern Einzug gehalten und setzt sich immer mehr durch.

Regionale Besonderheiten

Berndeutsch

Die zweitgrößte Sprachregion wird von berndeutschen Dialekten gebildet. Auch hier gibt es keine Einheitssprache.

Eine Bernerin oder einen Berner erkennt man ziemlich schnell an ihrer Eigenart, die Laute ungewöhnlich zu dehnen.

Weitere Unterscheidungsmerkmale sind: Die Höflichkeitsform wird noch mit **Diir** (Ihr) und **Euch** gebildet.

Das **I** wird am Wortende, manchmal auch im Wortinnern, fast wie ein „u" ausgesprochen (genauer: wie das englische **w**):

Selbst innerhalb der Stadt Bern gab und gibt es völlig verschiedene Varianten. Die berühmteste von diesen hieß Matte Änglisch (Matte ist das traditionelle Arbeiterviertel der Stadt Bern), das aber inzwischen leider ausgestorben ist.

	Berndeutsch:		Zürichdeutsch:
viel	**viu**		**vill**
alle	**aui**	(**a** und **u** getrennt)	**alli**
erzählen	**verzeue**	(**e** und **u** getrennt)	**verzele**
Kirche	**d Chiuche**	(**i** und **u** getrennt)	**d Chile**

-nd wird manchmal zu **ng: de Hung** (Hund), **d Stung** (Stunde)

aa wird zu **ei: geit** (geht), zürichdeutsch: **gaat au** wird zu **ou: s Outo** (Auto)

Berndeutsch enthält unzählige Wörter, die es sonst nirgends gibt. Einige sind lautmalerisch, andere „Importe" aus anderen Sprachen, z. B. aus dem Französischen. Vielleicht hat sich gerade aus diesem Grund die Berner Dialektliteratur so verbreitet. In allen Regionen gibt es Mundartautoren und -autorinnen. Aber nur die berndeutsche Literatur kommt auch bei einem breiten Publikum an. Das gleiche gilt übrigens für die Rockmusik. Gruppen und Interpreten, die in einem anderen Dialekt singen, haben es schwer; deshalb weichen die meisten auf Englisch aus.

Der Begriff „Berner Rock" wird heute mit Mundartrock gleichgesetzt.

Hier eine Auswahl typischer Berner Ausdrücke:

geng	jeweils
liire, prichte	plaudern
näär	nachher
sider	seither

wiene Moore	sehr, wahnsinnig	*(wie eine Sau)*
u dä!	na und?	*(und dann)*
de Giel	Junge, junger Mann	*(gerspr.: „giu")*
s Müntschi	Kuß	
de Louerihung	Langweiler	*(trödelnder Hund)*
de Schigg	Kaugummi	
säg ejnisch!	sag mal!	*sag einmal*

Baseldeutsch

In der Region Basel wird ein dem Elsässischen verwandter niederalemannischer Dialekt gesprochen. Folgende Merkmale sind auffällig:

ch (k), **p** und **t** werden manchmal (leider nicht regelmäßig!) weich wie **g, b,** und **d** ausgesprochen: **Daig** (Teig), **glai** (klein).

langes **ü** wird zu **ie: Gmiet** (Gemüt)
kurzes **ü** wird zu **ii: Fliigel** (Flügel)
ö wird zu **e: Eel** (Öl)
aa wird zu **oo: Doope** (zürichdeutsch: **Taape** =
Hand, Pfote)

weitere Dialekte

Bündnerdeutsch unterscheidet sich ziemlich stark von den anderen schweizer Dialekten. Es „singt" noch stärker, man merkt die Nähe zu den romanischen Sprachen - in Graubünden wird neben Deutsch auch Rätoromanisch und Italienisch gesprochen.

Bündnerdeutsch: Während in der restlichen Schweiz die Mitlaute selten bis nie behaucht werden, ist hier gleich das Gegenteil der Fall: das **h** wird deutlich hörbar ausgesprochen. Die Stadt Chur heißt also korrekt bündnerisch **Khuur.** Erhalten haben sich auch Formen wie **„si sägend"** für „sie sagen".

Schweizer aus der **Innerschweiz** (um Luzern) erkennt man am häufigen Gebrauch des Wortes **rüüdig,** was „viel, sehr" bedeutet.

Für **St. Gallen** und die **Ostschweiz** sind die Ausdrücke **en Aart** und **welewääg** (= vermutlich) typisch. Der Ausdruck **en Aart** hat viele Funktionen, er kann „ungefähr" bedeuten, aber auch einfach nur ein Füllwort sein. Außerdem erkennt man Ostschweizer an dem sehr hell ausgesprochenen **a.**

In den **Berggebieten** haben sich noch weitere, uralte Dialektformen erhalten. Es würde aber zu weit führen, diese alle hier aufzulisten.

Wörter, die etwas anderes bedeuten

Folgende Wörter führen oft zu Missverständnissen, weil sie im Deutschen nur scheinbar dasselbe bedeuten wie im Schweizerdeutschen.

schnore	viel reden, bluffen
chlööne	jammern
laufe	gehen
schmöcke	riechen
realisiere	sich bewusst werden
müesam	unangenehm
Peperoni	Paprika
Paprika	Paprikagewürz
fäge	wischen
wüsche	fegen
extra	absichtlich
de Rock	Kleid
d Pfane	Topf
de Sack	Tasche
de Schnurre	Schnauze
schmeisse	werfen
s Rüebli	Möhre

Aber selbst wenn manche eigentlich gleich lauten und auch dasselbe bedeuten, schaffen es die Schweizer dennoch, sich vom Deutschen zu unterscheiden:

25

zensuriere	zensieren
campiere	campen
parkiere	parken
probe	probieren, proben
d Reservation	Reservierung
d Renovation	Renovierung
d Redaktorin	Redakteurin
de Unterbruch	Unterbrechung

Allgemeines Schweizerdeutsch

In diesem Kapitel sind die eher „normalen", allgemeinen schweizerdeutschen Ausdrücke gesammelt und alphabetisch geordnet. Die folgende Liste stellt nur eine Auswahl dar. Nicht aufgenommen wurden Ausdrücke und Bezeichnungen, die sich nicht besonders vom Hochdeutschen unterscheiden und die man ohne weiteres versteht.

Aalass, de	Veranstaltung
aaschiinend	offenbar
abhandechoo	verlieren
abwägig	seltsam, ungewöhnlich
amigs	jeweils
Badi, d *(Abk.)*	Schwimmbad
bäffzge	kläffen (Hund)
Billet, s	Eintrittskarte
blüttle	nackt/oben ohne sonnenbaden

Büs(s)i, s	Katze	
Chilbi, d	Rummelplatz	*(urspr. Kirchweihe)*
Chlapf, de	Knall	
Chlepper,de	altes Pferd, Klepper	
chlöpfe	knallen	
chlüttere	herumwerkeln	
Chlütteri, de	Heimwerker	
Chöpfler, de	Kopfsprung	
chräsme	klettern	
Chrottepösche, d	Löwenzahn	
diffissiil	heikel, schwierig, empfindlich	*(frz.* difficile*)*
eige	eigenartig, eigenwillig	
exgüsi	Verzeihung	
faktisch	tatsächlich, in Wahrheit	
figge	schaben	
frequentiere	besuchen, teilnehmen	
gang und gäb	üblich	
Geiss, d	Ziege	
göötsche	planschen	
gsamthaft	insgesamt	
Gstürm, s	Aufregung	
Gupf, de	Hügel	
halbbatzig	halbherzig	
handcherum	andrerseits	
Heftli, s	Zeitschrift, Heft	
huure	kauern	
iidrücklich	beeindruckend	
larsch	freizügig	*(frz.* large*)*
Laufmeter, am	ständig	
lääre	gießen	
lisme	stricken	
lödele	wackeln	

lose	hören
lottere	wackeln
luege	gucken
lugg	lose
lüüte	klingeln
Manggo, s	Mangel, Nachteil
Matte, d	Wiese
meini	scheint mir
miniim	geringfügig
mitenand	zusammen
mööne	summen
motte	schwelen
Mungge, d	Murmeltier
Muni, de	Stier
Mutz, de	Bär
Mux, de	Regung
nodere	stochern
nöisle	stöbern, wühlen
oomächtig	vertrackt
öppe	ungefähr
öpperem naaschlaa	jem. gleichen
opportun	angebracht
Platz nää	sich setzten
pöpperle	anklopfen
Quantum, es	viel
rächts ... *(Post)* **refüsiere**	Annahme verweigern
Reuel, de	Kater
Riitschuel, d	Karussell
Ross, s	Pferd
Rössliriiti, d	Karussell
schier	beinahe

28

schiints	es scheint
Schroppe, de	großer Stein
schwadere	planschen
Schwämm, d	Wildpilze
Stutz, de	steiles Wegstück
Summervogel, de	Schmetterling
Tätsch, uf ein	plötzlich
Tobel, s	Waldschlucht
tööne	klingen
tschägget	gefleckt
tupfegliich	genaugleich
umepröble	ausprobieren
undertags	tagsüber
urchig	urig
uuflupfe	aufheben
verrumpfle	zerknittern
versuume	verpassen
voorig	übrig
voorwegg/-zue	von Fall zu Fall
vorig	soeben
Wejer, de	Teich
x-öpper	irgend jemand
zäme	zusammen
zueschletze	(Tür) zuschlagen

Cheib und Chog

Um **Cheib** und **Chog** dreht sich so manches. Die ursprüngliche Bedeutung dieser beiden Wörter („Kadaver") ist nicht mehr gebräuchlich. Deshalb müssen sie für alles mögliche herhalten. Alleine stehend haben sie etwa die Bedeutung „Kerl" oder auch abwertend „Dummkopf". In zusammengesetzten Ausdrücken bedeuten sie:

(Bezeichnung für größere Gegenstände)

ale Cheib, ale Chogs	alles mögliche
dää Cheib	diese(s) Ding/Sache
Dää cheibe Chog!	Dieser Mistkerl!
Tumme Cheib!	Dummkopf!
choge-/cheibemäässig	viel, sehr
choge tumm	sehr dumm
cheibe schöön	sehr schön
schööns cheibe Meitli	durchtriebenes Mädchen
s Chögli	durchtriebene Person
s choge Züüg	dumme Sache
d Cheiberej	dummer Spaß
vercheibe	etw. verderben
Was cheibs machsch?	Was zum Teufel machst du?
en Chog vonere Rächnig	hohe Rechnung
choge vill Gäld	viel Geld

Das choscht cheibe vill!
Das isch cheibe tüür!
Das ist ganz schön teuer!

en Cheib haa	einen Rausch/Suff haben	
de Spinncheib	Wirrkopf	
cheibe	laufen, rennen;	*auch: fluchen,*
abcheibe	abhauen, wegrennen	*schimpfen (lauthals)*
umecheibe	hin- und her-rennen, laut toben	*aufgeregt umherdüsen*

Spiide, Bloche, Frääse

Unterwegs...

Die Schweiz verfügt über das dichteste Eisenbahnnetz Europas. In Berg- und Randgebieten wird der öffentliche Verkehr von der Reisepost betrieben. Die zwei größten Bahnbetriebe sind die **Schweizerischen Bundesbahnen (SBB)** und die staatliche **Rhätische Bahn (RhB).**

Daneben gibt es unzählige kleinere Privatbahnen, die meistens auf Nebenlinien fahren. Die Fahrpläne der verschiedenen Betriebe sind jeweils aufeinander abgestimmt, und die Fahrscheine können überall für die gesamte Strecke gelöst werden.

Bahnreisen sind nicht gerade billig.
Wer jedoch häufig unterwegs ist, kann ein Halbtaxabo (Halbpreisabonnement) lösen.
Damit fährt man ein Jahr lang zum halben Preis.

Auf den meisten Linien verkehren die Züge stündlich.

Einige Städte haben ein Verbundsystem eingeführt. Innerhalb der gewählten Zonen kann man mit einem Fahrschein alle öffentlichen Verkehrsmittel benutzen, meist innerhalb einer bestimmten Zeit.

... mit dem Zug und der S-Bahn

	de Schlitte	Straßenbahn
	de Lumpesammler	letzte Straßen- oder S-Bahn
de Kondi (Abk.)	**de Kondüktör**	Schaffner
	s Perron	Bahnsteig
	s Billet	Fahrkarte
	s Rötuurbillet	Rückfahrtskarte
(Abonnement)	**s Abo** *(Abk.)*	Mehrfahrtenkarte
	d Holzklass	Bahn: 2. Klasse; Flugzeug: Touristenklasse
	de Rank	Kurve

pressant	**pressiere**
eilig	eilen

... zu Fuß

Mit der Bahn kommt man fast überall hin. Es
lohnt sich aber auch, mal zu Fuß zu gehen
und die Landschaft zu genießen. Es gibt ein
ganzes Netz von Wanderwegen, dazu speziel-
le Wanderkarten und Wanderführer, die man
am Besten vor Ort ersteht.

s Trottuar	Gehsteig	*(frz. trottoir)*
de Fuessgängerstreife	Zebrastreifen	
d Tole	Gully	
tschumple, stifle,	gehen	
stoffle, laufe, tschalpe		
cheibe, seckle, sieche,	eilen,	
hase, weible, en Spurt riisse	rennen	
laufe wiene schwangeri	watscheln	*wie eine schwangere*
Bergänte		*Bergente watscheln*
gumpe	springen	
uufjucke	aufspringen	
zackig, tifig, zügig	schnell	
Dampf uufsetze	sich beeilen	*(Dampf aufsetzen)*
düüse, spiide, bloche,	düsen,	
pfure, schnüüze, fäge	speeden	
i eim Garacho	sehr schnell	*(Karacho)*
	fahren	*oder laufen*
en Zacke druff haa	einen Zahn	
	drauf haben	
uusschlipfe	ausgleiten	

uf d Schnure gheje, schnätzle, büchse
stürzen, auf die Schnauze fallen

Es hätt mi glitzt.
Ich bin gestürzt.

... mit dem Auto

Die Höchstgeschwindigkeit beträgt auf Autobahnen 120 km/h, auf den übrigen Straßen 80 km/h und in Ortschaften 50 km/h. Die Benutzung der Autobahnen muss man jedes Jahr bezahlen. Man ersteht eine **Vignette** (Aufkleber) an der Grenze, an Tankstellen oder an Poststellen und klebt diese an die Windschutzscheibe. Nicht aufgeklebte Vignetten sind ungültig!

In Punkto Autoverkehr gelten etwa dieselben Regeln wie im übrigen Mitteleuropa.

de Chare,	Karre,	*(Karre)*
d Bläächguutsche	Rostbeule	*(Blechkutsche)*
d Bäne, de Göppel,	Auto, Kiste	
de Chlapf, d (Chlöpf)Gelte,		*(Bottich)*
d Chischte		
de Schlitte	Schlitten	
de Kaan, s Amifass,	großes Auto,	
s Amischiff	Amischlitten	
de Dööschwoo	Ente	*(frz.* deux chevaux*)*
zwei Pferde		
de Tschingge-Rucksack	Fiat 500	*(ital.* cinquecento
„Italiener"-Rucksack		*= 500)*
d Oggasion	Gebrauchtwagen	*(frz.* occasion*)*
Gelegenheit		
de Camion	LKW	
de Car	Reisebus	
de Schofför, d Schoffös	Fahrer(in)	
d Liechtsignalaalaag,	Ampel	
s Liechtsignal, s Rotliecht		
de Garaschischt	Autohändler	
de Mech *(Abk.)*	Mechaniker	

	de Moscht	Benzin
	de Finke	Autoreifen
	s Billet, de Faaruuswiss	Führerschein
	en Platte haa	Reifenpanne haben
(... hat sich hingelegt) *(Das Auto hat sich niedergekauert.)*	S Auto/de Motor isch abgläge. S Auto isch abghuuret.	Motorschaden
	fuuge, frääse	fahren
	umefuurze	nervös umherfahren/ gehen
	vorfaare	überholen
	en Flade mache	einen Unfall bauen
	verchare Er isch vercharet worde.	jem. überfahren Er ist überfahren worden.
	es chesslet, es chlöpft, es chüblet, es tätscht	es kracht
	zämechare	zu Schrott fahren
	abbruchriif	schrottreif
(Höllenzahn)	en Hölezaa	große Geschwindigkeit
(auf den Klötzen stehen)	uf d Chlötz staa	Vollbremsung, in die Bremsen steigen
	brüsk	unvermittelt
	lüftle	Luft aus Reifen entweichen lassen
	stöpple	autostoppen

... mit dem Zweirad

s Welo	Fahrrad	
pedale, trampe, welofaare	radeln	
s Wäschpi	Vespa	*(Wespe)*
de Töff, s Töffli,	Töff-Töff,	*(nervöses Fahrrad)*
s nervöse Welo	Rostlaube	*(nur Mofa)*
de Pfupf, de Schnäpper,	Mofa	
de Sackgäldvergaser		*(Taschengeldvergaser)*

Polizei

Die Polizei hat sich in den letzten Jahren an allerhand Bezeichnungen gewöhnt. Trotzdem sollte man die folgenden Begriffe einem Polizisten gegenüber besser nicht gebrauchen.

37

de Polüpp, de Tschugger, de Schmierlappe	Polizist
d Schmier, d Tschuggerej, d Schrooterej	Polizei
(Blechpolizist) **de Bläächpolizischt**	Starenkasten, Radarfalle

Ordnungssündern droht **„en Blaue"** (Strafzettel) oder sogar:

de Brief abgää, s Billet verlüüre	Führerscheinentzug
s Chefi, d Chischte	Gefängnis
(hinten) **dihine**	im Gefängnis
hinderechoo	ins Gefängnis müssen
abhocke	Strafe absitzen
d Winde	Jugendheim, Erziehungsheim
filze	filzen (Polizei)

Chlütter, Chiis und Pulver

Kohle, Zaster, Knete

Die Schweiz ist für viele Sinnbild für Reichtum. Trotzdem gibt es auch hier viele Leute, die sehr bescheiden leben müssen.

In den Städten, vor allem in Genf und Zürich, sind Mietwohnungen geradezu unerschwinglich geworden.

de Stutz, d Stütz,	Kohle, Zaster,
de Chlotz, de Chiis,	Knete, Mäuse,
de Chlütter, d Möps,	Möpse, Kies,
de Pulver, d Iseli, d Chöle,	etc.
de Stei, de Traat,	
d Hämmer	
Flüssigs	Bargeld, Flüssiges
s Rötuurgäld, s Usegäld	Wechselgeld
s Münz	Kleingeld
de Karsumpel, de Bättel	Habe
s Sackgäld	Taschengeld, lumpige Summe

Bedauernswert, wer **blääche** oder sogar **s hool Händli mache** muss.

(blechen)

blääche, berappe,	zahlen
d Iseli füre mache	
s segg haa	den genauen Betrag haben
en Hunderter ligge laa	100 Franken ausgeben
bröösmele, chnüüble	Geld hervorklauben

(die Eisenstücke hervornehmen)
(es trocken haben)

ALS CHIND HAN ICH IMMER GMEINT, DIE TÄÄTET MIS GÄLD IN ES TRUCKLI, UND ICH CHUME MIN EIGETE BATZE WIEDER ÜBER.

verpulvere, verchlöpfe	(viel) ausgeben, verpulvern, auf den Kopf hauen
verloche	zum Fenster herauswerfen
(in den Kamin schreiben) **is Chämi schriibe**	abschreiben, aufgeben
usem eigne Sack zale	auf eigene Kosten bezahlen
in eigne Sack zale	in die eigene Tasche abzweigen
s hool Händli mache	betteln, eine hohle Hand machen
abluchse	erschnorren
känn rote Rappe haa	völlig blank sein

Es hätt en glitzt.
Er ist bankrott.

(chnoche) stier	(total) pleite
überrisse	überhöht (Preise)
verquante, verschachere	verramschen

Da sind schon diejenigen besser dran, die
us em Schniider sind:

en Schnitt mache	Profit machen
useluege	Gewinn bringen
garniere	verdienen
en Vierer (Föifer) lupfe	vier-(fünf-) tausend verdienen *(brutto)*

Ich bin saniert.
Ich habe genug Kohle gemacht.

us em Schniider sii	die Durststrecke hinter sich haben	*(aus dem Schneider sein)*
gstopft	reich, versnobt	
uf em Gäld hocke wiene Chrott	geizig sein	*(wie eine Kröte auf dem Geld hocken)*
de Chnoorzi, de Rappespalter	Geizhals	

Scheine und Münzen

e Megatone	1 Million Franken	
Kilo, Riis, Tone	1000-Franken-Schein	*(Riese)*

Im Moment sind folgende Scheine und Münzen im Umlauf. Der 500-Franken-Schein wurde jedoch durch den 200-Franken-Schein ersetzt. Wer noch einen hat, kann ihn aber noch immer umtauschen.

zwee Rise	2000 Franken
halbi Tone	500-Franken-Schein
Lappe, Blatt	100-Franken-Schein
Füffzgerlappe	50-Franken-Schein
Pfund	20-Franken-Schein
Dietschi *(ital. dieci = zehn)*	10-Franken-Schein
Schnägg, Tole, Föifliiber	5-Franken-Münze
Zweifränkler	2-Franken-Münze
Einfränkler	1-Franken-Münze

42

Post

Telefonieren

Telefonieren ist genauso einfach wie in Deutschland. Die meisten Telefonzellen kann man jedoch nur noch mit einer Telefonkarte **(Taxkarten)** benutzten, die man an Tankstellen oder Postämtern bekommt. Die Auskunft erreicht man unter der Nummer **111**, Telefonnummern aus dem Ausland können unter Nr. **1152** (für Deutschland), Nr. **1151** (für Österreich) und **1153** (für Frankreich) erfragt werden. In den Telefonbüchern sind außerdem eine Reihe weiterer Dienstleistungsnummern aufgeführt.

Man kann aus allen Telefonzellen ins Ausland telefonieren und sich auch anrufen lassen.

am Traat hange, funke
telefonieren

Ich han XY am Traat!
Ich habe XY an der Strippe!

d Telefonitis haa	oft und aus geringem Anlass telefonieren
en Funk gee, aaschäle, aalüüte	anrufen

Biim mer e Messitsch übere!
Gimmer es foun! Gimmer es Telefoon!
Ruf mich an!

(Beam mir eine Message 'rüber!)
(engl. phone = Telefon)

A- und B-Post

Die Zwei-Klassen-Post wurde 1991 unter heftigen Protesten der Bevölkerung eingeführt. Theoretisch sollten A-Post-Briefe am folgenden Tag ihr Ziel im Inland erreichen, die B-Post dagegen sollte länger auf die Beförderung warten.

Wichtig zu wissen ist, dass man Briefe aus dem Ausland in die Schweiz mit einem **A** versieht, da sie sonst einige Tage liegen bleiben.

Lädele und Poschte

Einkaufen

Ein Ziitsörfer (Zeitsurfer) ist immer nach dem letzten Schrei gekleidet und gibt Unmengen von Geld aus, um modisch auf dem letzten Stand zu sein.

Die Geschäfte haben gewöhnlich bis 18.30 Uhr auf, samstags bis 16 Uhr oder 17 Uhr. Abendverkauf ist meistens donnerstags (bis 21 Uhr). Einige Einkaufszentren haben sogar täglich bis 20 Uhr auf. Sonntags sind allerdings bis auf ein paar Blumengeschäfte und Konditoreien nur die Flughafen- und Bahnhofsgeschäfte geöffnet.

lädele, poschte	einkaufen
de Ladehüeter	schlecht verkäufliches Stück
de Floomi	Flohmarkt

Flohmärkte finden meist samstags statt. Die
genauen Daten werden in der Tagespresse ver-
öffentlicht.

Kleidung (**d Aaleggi, s Tönü**) und Schuhe
sind vergleichsweise billig. Wer sich von Kopf
bis Fuß neu einkleiden möchte, findet im Fol-
genden ein paar nützliche Ausdrücke:

de Göx, de Tschäpper	Hut
d Chappe	Mütze
d Dächlichappe	Schirmmütze
s Bere, de Globihuet	Baskenmütze
s Liibli, s Tii-Schi	T-Shirt
s Underliibli	Hemdchen
d (Under)Höös	(Unter)Hose
s Jäggli	Cardiganjacke
de Tschoope	Anzugjacke
de Püll *(Abk.)*, **de Puli**	Pullover
d Schaale, s Gwändli	Anzug
s Übergwand	Overall
d Chegelfänger (Mz.)	Knickerbocker, Wanderhose
id Hose stiige	eine Hose anziehen
de Schüpp	Rock *(frz. Jupe)*
de Rock	Kleid
s Fäändli, de Lumpe	billiges Kleid
d Quadraatlaatsche (Mz.)	große Schuhe
d Finke (Mz.)	Pantoffeln
d Schlaarpe (Mz.)	ausgetretene Schuhe
d Heilandsandale (Mz.)	offene Herren-sandale

Hier das „Zubehör":

(Nasenfahrrad) **s Nasewelo**	Brille
de Naselumpe,	Taschentuch
s Nastuech,	
s Böögenalbum	
de Flooräche	Kamm
(Zierleiste) **d Zierliischte**	Armband
de Bändel	Band (jeder Art)
de Schuebändel	Schnürsenkel
de Sack	Tasche

Schniposa und Schpagetti Bolo

Rund ums Essen

Die meisten Kneipen bieten mittags ein preiswertes Sondermenü an. Nach 22 Uhr werden häufig keine warmen Speisen mehr serviert.

Die traditionellen Essenszeiten heißen **de Zmorge** („zu Morgen": Frühstück), **de Znüüni** („zu neun Uhr"), **de Zmittag** („zu Mittag": Mittagessen), **de Zvieri** („zu vier Uhr"), **de Znacht** („zu Abend": Abendessen).

Die folgenden Ausdrücke bezeichnen, auf welche Arten und Weisen ein **Schläckmuul** (Leckermaul) so alles **schnabuliere** (schlemmen) oder ein **Frässcheib** bzw. **Frässack** (Vielfraß) etwas in sich hineinschaufeln und verdrücken kann:

fuude	**ineblige**
ineschuufle	**spachtle**
habere	**frässe**
chafle *(nagen)*	**schläcke** *(lecken)*
mampfe	**fuetere**
inerüere	**iiwerfe**
vertrucke	**abetrucke**
öppis in Grind ietrucke	

Es folgen einige humoristische Varianten und
Wortspielereien. Zumindest die ersten beiden
Ausdrücke sollten von jeder Kneipenbedie-
nung verstanden werden:

Schniposa(bi)
Wiener **Schni**tzel mit **Po**mmes frites und
Salat (und **Bi**er)

Schpagetti Bolo
Spaghetti Bolognese
(Hackfleisch und Tomaten)

de Gumiadler,	Hähnchen,	
s Güggeli	Gummiadler	
s Pulee	Hühnchen	*(frz.* poulet)
de Mischtchratzer	junges Hähnchen	
s Hacktätschli	Boulette	
s Blätzli	Schnitzel	

47

	s Voorässe	Ragout
	s Gnagi, s Schüfeli,	Eisbein
	s Rippli	
	de Hamme	Schinken
(Schuhsohle)	**d Schuesole**	zähes Schnitzel
	de Fraass	Essen, Fraß
	de Schlangefraass,	Schweinefraß,
	en truurige Fraass	Schlangenfraß
(allgemein)	**Teiggaffe** (Mz.)	Nudeln
	Chineese-Schotter (Mz.)	Reis
	d Vierkantrööschti	Pommes frites
	natüür	ohne Zusatz, pur

Gemüse

Nach so viel Fleisch und Kalorien hier die
gesündere Kost:

de Nüsslisalat, de Nüssler	Feldsalat
de Lauch	Porree
d Rüebli (Mz.)	Möhren
d Rande	rote Bete
d Peperoni	Paprika
d Chefe	Zuckererbsen
d Zuggetti	Zucchini
rüschte	Gemüse putzen
de Chabis	Kohl

Desserts und Süßspeisen

de Sandsturm	trockenes Gebäck	
d Patisserii	süßes Gebäck	*(Gebäck)*
de Gnussnipfel	Nussgipfel	
d Sturzwälderschwaarte	Schwarzwälder Kirschtorte	
de Biber(flade)	gefüllter Lebkuchen	
de Tirggel, s Läckerli	Honiggebäck	
d Wäje, d Dünne	Obstkuchen	
de Eiterrieme	Cremeschnitte	*(Gebäck)*
d Schnudertüüte	Cremetüte	*(Gebäck)*
de Raam, de Nidel	Sahne	

49

	s Nidelzältli, s Raamtäfeli	Sahne-Karamel
(frz. coupe = *Becher)*	de Cup	Eisbecher
(Mohrenkopf)	de Moorechopf	Negerkuß
	de Chöitsch,	Kaugummi
	de Chätschgummi	
	s Zältli, s Täfeli	Zuckerbonbon
(Bärendreck)	de Bääredräck	Lakritze
	d Spanischi Nüssli (Mz.)	Erdnüsse
	s Schläckzüüg	Süßigkeiten
	räss	salzig
	aamächelig, gluschtig	verlockend
	fuere	schnell sättigen
	chüschtig, wäärschaft	deftig
(z. B. Fleisch)	de Mocke	dickes Stück

Frühstück

Das Schönste zum Schluss: das **Original-Müesli!** Dieses Müesli hat nichts mit Trockenfrüchten und kiloweise Getreideflocken zu tun, sondern sollte als Diätspeise Magenbeschwerden heilen und als Rohkostspeise zu einer gesünderen Lebensweise führen.

Der Erfinder, Dr. Bircher, wurde anfangs von der Ärztegesellschaft nicht ernst genommen, erzielte dann aber mit seiner Ernährungslehre enorme Heilerfolge. Das Müesli enthält alle wichtigen, aber keine überflüssigen Nährstoffe. Hier das originale Rezept:

Original Bircher-Müesli für 1 Person	
1 El Haferflocken	*(nicht mehr!) mit etwa*
50 ml Wasser	*und dem*
Saft einer 1/2 Zitrone	*vermischen. Dann lässt man das Ganze kurze Zeit quellen. Als nächstes kommt*
1 El gezuckerte Kondensmilch	*dazu (ersatzweise kann man auch Yoghurt und Honig nehmen). In diesen Brei wird mit der **Bircher-raffel** (speziell entwickelte Apfelreibe, die in jedem schweizer Supermarkt erhältlich ist)*
1 großer, säuerlicher Apfel	*gerieben. Schließlich kommt noch*
1 El geriebene Haselnüsse	*dazu. Gut unterrühren!*

Wer es doch lieber etwas „ungesünder" mag, der sei aufs liebe Brot verwiesen:

s Pariiser Brot	Baguette	
s Gipfeli	Hörnchen	
d Züpfe,	Brot in Zopfform,	*(das typische*
de Zopf	aus Milchhefeteig	*Sonntagsbrot)*
s Büürli, s Weggli,	Brötchen	
s Schlumbergerli		
en Schole Hampf	ein Stück Brot	

Der **Schabziger** ist ein scharfer Frischkäse, der mit viel Kräutern angereichert nach einem Geheimrezept in Glarus hergestellt wird. Die fertige Käsemasse wird in eine Kegelform gepresst und getrocknet. Dadurch schmeckt der **Ziger** sehr salzig und wird deshalb am Besten gerieben oder zerkrümelt und mit Butter gemischt verzehrt.

Auf den Alpen wird ein Frischkäse (ähnlich dem italienischen Ricotta) hergestellt, der ebenfalls Ziger genannt wird. Dieser ist aber weiß, weich und mild im Geschmack. Daraus wird z. B. der Zigerchrapfe hergestellt, ein in Öl gebackener Teig mit Zigerfüllung, der süß und gut schmeckt!

E Wäle riisse

Durch Bars, Kneipen und Discos

Ein strenges Gesetz verbietet den meisten Kneipen den Alkoholausschank nach halb ein Uhr nachts. Spätestens um 0.30 Uhr werden die Gäste ziemlich deutlich zum Gehen aufgefordert. In größeren Städten gibt es ein paar Ausnahmen, dort bezahlt man dafür nach 23.30 Uhr den doppelten Preis. Dann gibt es noch die legalen und illegalen Parties und Nachtbars, die oft bis zum Morgengrauen dauern. Hierüber kann man sich am Besten in Szene-Blättern oder einschlägigen Kneipen informieren. Oft liegen auch Info-Kärtchen in Plattenläden und Boutiquen aus.

Discos laufen manchmal als Privatclubs, d. h. es darf offiziell gar kein Alkohol verkauft werden.

d Beiz, d Chnele, **d Tankstell, de Spunte,** **d Trinkgäldhööli**	Kneipe, Spelunke	
d Schwachstrombeiz	alkoholfreies Restaurant	
d Trinkgäldsüüle, **de Saaltöff,** **d Serwierdüüse,** **de Serwierschlitte**	Bedienung	
iizie	kassieren	*(einziehen)*
de Beizer	Wirt	
frei haa	Freizeit haben	
zum Loch use	zur Tür hinaus	
uf d Löitsch gaa	bummeln gehen	*(löitsche = herum-streunen, streunen)*

	uf d Gass gaa, Gassi gaa, in Uusgang gaa, uf d Szene gaa, under d Lüüt gaa	ausgehen
(engl. scene*)*	**s Gaudi haa, e gueti Ssiin haa, s luschtig haa**	vergnügt sein, Gaudi haben
	uf de Szene	da sein, wo was los ist
	schwanze	schlendern
(von engl. to dance, to move*)*	**däänze, muuve**	tanzen
	(di ganz Nacht) duremache	(die Nacht) durchmachen
(eine Welle reißen)	**überborde, e Wäle riisse**	sich ausleben
	s Fäscht, de Feez	Fete, Party
	es Fäscht boue	eine Party steigen lassen

Was isch hüt loos?
Wo läuft was ab?

Im XY isch öppis guets loos.
Im XY ist heute was los.

Zum Genuss gehören dazu:

d Vergnüegigskurve	Augenringe
s Schmöckiwasser	Parfüm
gschläckt sii	geschniegelt sein

Trinken

d Spritkomode	Hausbar	
d Sumpftuur, d Bier-safari, d Pintecheer	Sauftour	
eis go zie, eis go hebe, eis go blaase, eis go kippe	etwas trinken/ heben gehen	
eis go schnappe/ schlucke	losziehen, auf die Schnelle ein Glas trinken gehen	
umesumpfe	in einer Kneipe viel saufen	*(herumsumpfen)*
suufe, spüele, inhaliere, güle, güügele, tanke, lööte, inegüddere, abestele	übermäßig saufen, tanken	*(saufen), (inhalieren) (jauchen) (runterstellen)*
en Bode legge	sich eine Grund-lage schaffen	*(einen Boden legen = vor dem Trinken*
e Fläsche hööle	eine Flasche leeren	*etwas essen)*
e Rundi zale	eine Runde ausgeben	

Getränke

Haaneburger	Leitungswasser	
s Blööterliwasser, s Görpsliwasser	Mineralwasser oder Limonade mit Kohlensäurezusatz	*Natursekt*
de Suuser	leicht alkoholhaltiger roter Traubensaft	*(Sauser) junger Wein*
de Chlöpfmoscht, de Nuttedisel	Champagner, Sekt	*(Knallmost)*

(Abk.)	**Alk**	Alhoholisches jeder Art
	s Cüppli	Champagner im Glas
	de Zapfezier	Korkenzieher
(frz. dépôt =	**s Deppo**	Flaschenpfand
Aufbewahrung)	**de Koffelin-Schuub**	Kaffee
	de/s Kafi Creem	Kaffee mit Sahne
	d Schaale Gold	Milchkaffee
	de Kafi Luz,	Kaffee mit
	de Kafi fertig	Schnaps gemischt
(Kaffee mit	**de Kafi mit**	Kaffee mit Schnaps
Seitenwagen)	**Siitewage**	extra
	de Güx, s Kurvenööl	Schnaps
(steil) auch: kess,	**gääch**	stark alkoholhaltig
„steil", verwegen		
„Es war ganz schön	**Es isch gääch gsii.**	
was los"	Es wurde viel getrunken und gepafft.	

> RAUCHED Si?
>
> JA, HÖCHSCHTENS ZWÜSCHETURE EMAAL E ZIGARE...

> UND TRINKED Si ALKOHOL?
>
> ÖPPEN EMAAL ES BIERLI... UND AM SUNNTIG ES GLESLI Wii...

Und das sind die üblichen Mengen:

d Guttere	Flasche	
de Knirps,	kleines Bier in der Flasche,	
s Spezi	meistens Spezialbier	
d Stange, d Tulpe	kleines Bier vom Fass	*(je nach Form*
es Grosses,	großes Bier	*des Glases)*
en Halbe	vom Fass (0,5 l)	
de Römer, de Einer	0,1 l Wein im Glas	
s Tschumpeli,	0,2 l Wein im	
de Zweier	Glas	
en Halbe	0,5 l Wein	*(Offenausschank)*
de Gutsch	Schluck	

> JA, HÄND SI DÄNN ÄRGER? REGED SI SICH VIL UUF?
>
> liiCH MiiCH?!

> NEI, DIE ANDERE REGED.. MiCH SCHTÄNDIG UUF!!!

... und die Folgen

echli füecht haa, beduslet sii, hööch haa, käppelet sii	beschwipst sein
de Spitz, de Dusel	Schwips
Öl am Huet haa	angetrunken sein
im Chrüzlistich laufe, es Fueder glade haa, mit runde Absätz heichoo	einen getankt haben, einen hinter die Binde gekippt haben
e Faane haa	nach Alkohol riechen, eine Fahne haben
e Chelle haa, d Chappe voll haa, e Schiibe haa	vollgetankt/ etw. geladen haben
abfüle	jem. abfüllen, betrunken machen
bsoffe, sackvole, sternehagelvoll	besoffen, sternhagelvoll
versumpfe	in einer Kneipe hängen bleiben
de Cheib, de Siech, de Chlapf, d Chischte, de Flade, de Suff, *(Gebäck)* **de Dampf, de Tirggel,** *(Klecks)* **de Tiger, de Tolgge, de Balaari**	Rausch, Suff
(einen Tilt in der Birne haben) **abgstürzt sii, en Hammer/Ascht haa, en Tilt ide Bire haa**	einen Kater haben, versackt sein

58

Die diese Folgen zu tragen haben,
nennt man auch:

de Mämmeler, de Suufludi,	Säufer,
de Süffel, d Schnapsfaane	Schnapsnasen
de Quartalssüüfer	Gelegenheitssäufer

Eitsch und Schuger

Drogen

Nachdem in einigen Städten offene Drogenszenen über Jahre mehr oder weniger toleriert wurden, werden diese jetzt heftig bekämpft. Es gibt immer wieder Polizeirazzien auf offener Straße; ausländische Junkies werden ausgewiesen, auswärtige in ihre Herkunftsorte zurückgeschickt. Auf der anderen Seite hat sich das Jointrauchen etabliert, seitdem immer mehr Yuppies in der S-Bahn ihren Feierabendjoint paffen.

de Frosch, d Zigi, de Fade,	Zigarette,	*(Faden)*
de Schloot, de Sargnagel,	Glühstängel	
s Lungebröötli,		*(Lungenbrötchen)*
de Glüestängel		
de Stinkprügel, de Stumpe	Zigarre	
s Zündi, s Züsi *(Abk.)*	Streichholz	
de Flamewerfer	Feuerzeug	*(Flammenwerfer)*

	schloote, röike, qualme,	rauchen,
(einen Faden ziehen)	**en Fade zie,**	paffen
(Krebschen füttern)	**s Chräbsli füetere,**	
(die Lunge asphaltieren)	**d Lunge theere**	
	abpfüpfe	Asche abstreifen
	de Stoff, s Pulver,	Droge allgemein
(engl. dope = Rauschgift)	**s Puder, Doup**	
	de Habli	Haschisch
(engl. piece = Stück)	**s Piiss**	kleine Menge Hasch
	Bachpulver, Cocci	Kokain
	Eitsch,	Heroin
(engl. sugar = Zucker)	**Schuger**	
	d Schugerette	Heroinzigarette
	de Dröögeler	Drogenabhängiger, Drogi
(Besteck)	**s Bschteck**	Fixerutensilien
(Eisen), (Pumpe)	**s Ise, d Pumpi**	Spritze
(auflösen)	**uuflöse**	Spritze vorbereiten
(drücken)	**drucke, knalle,**	fixen
	de Knall mache	
(filtern)	**filterle**	Rückstände aufbereiten
	paffe, päffele, kiffe,	Joint rauchen
(einen Joint 'reinnehmen)	**en Tschoint inenää,**	
(ein piece 'reinziehen)	**es Piissli inezie**	
(einen Faden nach	**en Fade hinderezie**	koksen
hinten ziehen), (einwerfen)	**giftle, iiwerfe,**	Drogen aller Art
(laden), (pumpen)	**lade, pumpe**	schlucken, paffen, fixen etc.

d Schiibe,	Drogenrausch	*(Scheibe)*
s Flääsch		*(engl. flash = Blitz)*
zue, tilt, verlade,	auf dem Trip	
stockzue, säckee,	sein, zu sein	
zue wiene Chiletüür,		*(zu wie ein Kirchentor)*
zue wienen Chileturm		*(zu wie ein Kirchturm)*
abstürze, en Absturz haa	ausflippen	

Ufs Hüsli gaa

Klo & Co

Wenn man das Klo sucht, darf man sich nicht nach dem „Bad" oder einer Möglichkeit zum „Händewaschen" erkundigen - das wird nämlich wörtlich genommen.

Das Wort „Toilette" wirkt viel zu geziert. Lieber sagt man „WC" oder, vor allem unter Freunden, eines der folgenden Wörter.

s Aabee, d Schiissi,*	Klo	
d Tschibuuti*, d Pisseria*,		*(Dschibouti)*
s Hüüslis, Öörtli,		
de Abtritt, s Schiishuus		
d Chnebelschiissi	Plumpsklo	
d Schiffi, d Schiffländi	Pissoir	*(Schiffsanlegestelle)*
seiche*, bisle, brünzle,	pissen	
schiffe*, en Brune mache,		
e Stange stele*, brünele		

s Pipi, s Bisi, de Brune, de Brunz*	Pisse
(kacken) **schiisse*, gagge, abseile, pfunde, pflocke*,**	scheißen
(kegeln) **es Pfund setze, chegle**	
(Kegel) **de Gagg, Gegel Stink**	Kacke
de Dünnpfiff, de Lätter, de Schiisser*, de Tutswit	Durchfall, Dünnpfiff, Durchmarsch

Die folgenden Ausdrücke bedeuten alle „aufs Klo gehen":

ufs Hüüsli gaa
eine go setze*
verschwinde
(einmal aussetzen) **eimal uussetze**
(austreten) **uusträtte**

uf de Hafe gaa	*(auf den Nachttopf setzen)*
s Seichebergers aalüüte	*(die Seichenbergers anrufen)*
s Eidächsli go mälche	*(Eidechsen melken gehen)*
e Sitzig haa	*(eine Sitzung haben)*
zum Herr Frei gaa	*(zu Herrn Frei gehen)*
Kaktüss go pflanze*	*(Kakteen pflanzen gehen)*

Begleiterscheinungen:

föike, fööne	furzen, einen ziehen lassen	
Liecht im Chäller haa, d Apoteek offe haa	Hosenschlitz offen haben	*(Licht im Keller haben) (die Apotheke geöffnet haben)*
d Brämsspur, de Picasso	Rückstände in der Kloschüssel	

Choder und Herzpoppere

Krank sein und andere Zipperlein

puschper	gesund, munter
e Chrott im Hals haa	einen Frosch im Hals haben
d Nase ruesse	sich schneuzen
de Pfnüsel	Schnupfen
trümmlig, stigelisinnig, sturm (im Chopf)	schwindlig
mudere	kränkeln
aagschlage	mitgenommen, benommen

Es lupft mi.
Mir wird übel.

(wie angeworfen)	**wie aagrüert**	plötzlicher Krankheitsausbruch
	chotze, chiise,	kotzen,
	bogehueschte, chörble	Fische füttern
(Krähen herrufen)	**de Chreje rüefe**	heftig erbrechen
	de Choder	Auswurf
(wie eine gekotzte	**uusgsee wiene gchotzti**	blass/wie ausge-
Milchsuppe aussehen)	**Milchsuppe**	kotzt aussehen
(ein Stück weg haben)	**en Blätz ab haa**	Schürfwunde haben
	en Stei haa	Kopfschmerzen haben (vor allem nach Alkoholgenuss)
	s Ranzepfiife	Bauchschmerzen
	s Herzpoppere	Herzklopfen
(Herzbaracke)	**d Herzbaragge,**	Herzinfarkt,
(Herzkirsche)	**s Herzchriesi**	Herzschlag

„Krankheiten" mit extremem Ausgang – sterben oder „gestorben werden":

(verenden)	**verräble**
(die Schraube machen)	**d Schruube mache**
(den Schirm schließen)	**de Schirm zuetue**
(die Kippe machen)	**d Kippi mache**
(die Jalousien runterlassen)	**de Lade abelaa**
(die Möhren von unten betrachten)	**d Rüebli vo une aaluege**

es hölzigs Pischi aahaa *(einen hölzernen*
Schlafanzug tragen)
de Löffel abgää *(den Löffel abgeben*

abmurxe
jemanden umbringen

mausee
tot, mausetot

Es hät en putzt.
Er ist gestorben/abgekratzt.
(ist nicht identisch mit:)

Es hät em eis putzt.
Er hat einen elektrischen Schlag bekommen.

Und das sind die Helfershelfer:

d Medi *(Abk.)*	Tabletten, Medikamente
de Chnochesammler	Ambulanz
uf de Schrage	auf den Operationstisch
de Chnocheschlosser	Chirurg, Knochenflicker
d Spinnwinde	Klapsmühle
d Chischte	Sarg *(Kiste)*

Schnurz und Wurscht

die lockere Sprache des Alltags

Es folgt eine Sammlung weiterer allgemeiner Ausdrücke. Ich habe sie nach Themen sortiert.

begrüßen/verabschieden

In der Region Bern sagt man salüü beim Abschied und tschou etc. zur Begrüßung.

halloo!, hoi!, sale!, sali!, salüü!	hallo!
tschäse!, tschau!, tschou!, tschüss!	tschüss!

Wichtig: **tschüss** usw. sollte man nur Leuten gegenüber gebrauchen, die man duzt! Sonst wird es als unhöfliche Anmache empfunden

(Bist du gesund?) **Wie häsch es? Bisch zwääg?**
Wie geht's?

(engl. see you) **Machs guet! Sii juu!**
Bis bald!

Grüezi! Grüessech!
Guten Tag!

Adiöö! Adee! Uf Widergüx! En Schööne!
Auf Wiedersehen!

Haarz ade Chappe haa	nicht gerne grüßen	*(Harz an der Mütze*
Duzis mache	sich gegenseitig das „du" anbieten	*haben)*

Halt die Klappe!/Rutsch mir den Buckel runter!

Verzapf kän Chabis!   *(Erzähl keinen Kohl!)*
Verzell kän Habasch/Habakuk!
Erzähl keinen Unsinn!
Verzapf keinen Blödsinn!

Verzell no! Verzell doch käs Määrli!   *(Erzähl keine*
Verkohl mich nicht!   *Märchen!)*

en schöne Seich,	Unsinn,	
en fertige Mischt,	Käse,	
Kafi, Sämpf,	Quatsch	*(Senf)*
Hafechääs, Chabis,		*(Töpfchenkäse)*
Chabis-Chääs		*(Kohlkäse)*

Heb din Latz! Heb d Schnure! Bhalts für dich!
Heb s Muul zue! Chlämm ab!
Halt die Klappe! Schnauze!

uf de Schnure hocke   *(auf der Schnauze*
schweigen   *hocken)*

Folgende Sprüche stellen eine reine **Abfuer** (Absage) dar:

Blaas mer id Schue!   **Chasch mer blööterle!**
Blas mir in die Schuhe!   Du kannst mir trödeln!

(Steck einen Stab dazu!) **Stecksch en Stäcke dezue!**

(Du kannst mir am **Chasch mer an Ranze hange!**
Bauch hängen!)

(Du kannst mir **Chasch mer pfiiffe!**
pfeifen!)

(Rutsch mir den **Rutsch mer de Puggel ab!**
Buckel runter!)

Hau ab!

Faar ab! Hau ab! Haus!
Hau ab! Zieh ab! Zieh Leine!

Verpiss di!* Zienen! Schieb ab! Verreis!
Zisch ab! Haus in Chübel! Zupf si! Zie Fäde!
Verpiss dich!

Lupf emal s Füdli! Mach echli!
Los! Beeil dich! Komm in die Gänge!

(use) buxiere	(hinaus) befördern, rausbuxieren
abblitze laa	auflaufen lassen
abwimmle	abwimmeln
springe laa	gehen lassen, ziehen lassen
abschliiche, abzottle, abspringe	abziehen, abdampfen
abdampfe (ab)tuube, verreise, abzische	abhauen, abzischen

Er isch ab.
Er ist abgehauen.

uf d Kurve gaa
aus einem Gefängnis entweichen

Ärger machen/haben

en suure Stei mache	schlecht gelaunt sein, eine saure Miene ziehen	*(einen sauren Stein machen)*
hässig, muff	schlecht gelaunt	
de Chopf mache	verärgert sein	
uf de Wecker gaa	belästigen	
verschnupft sii	beleidigt sein	
de Fruscht haa	frustriert sein, Frust haben	
uf de Zaa gaa	auf die Nerven gehen	*(auf den Zahn gehen)*

Es hät mer abglöscht/abgstellt/uusghänkt.
Mir isch de Rollade abe.
Ich bin frustriert. Es hat mich umgehauen.

69

Mich schiists aa. **Mich schnägglets aa.**
Mich gurkts aa.   **Mich quarkts aa.**
Mich chotzts aa.

Es stinkt mir. Es kotzt mich an.

Leck-mich-am- **d Läck-mer-am-Arsch-Stimig**
Arsch-Laune) miese Laune

Das mag mi.
Das trifft mich hart.

ausrasten

uusraschte,	sich grün
uusflippe	und blau ärgern
en Lätsch,	Null-acht-
e Zwänzgabachtischnure,	fünfzehn-
e Schnuute zie	Gesicht

begreifen, verstehen, kapieren

Um Schweizerdeutsch zu verstehen, braucht
es etwas Übung. Vor allem muss man sich an
den Tonfall und an die besondere Aussprache
gewöhnen. Man braucht sich aber nicht zu
scheuen nachzufragen, wenn man etwas nicht
verstanden hat.

(begreifen)

(nachkommen)

erlicke, schalte	begreifen, schalten
druus-choo,	durchblicken
wüsse wie s lauft	
naachoo	verstehen, folgen
gfitzt sii	schlau, gewitzt, pfiffig sein

a schuur	„up to date", informiert sein	*(frz. à jour = auf dem laufenden)*
öppis uf de Chischte haa, hell uf de Platte sii	hell(e) sein, Grips haben	*(etwas auf der Kiste haben)*
s Gschpüüri	Spürsinn	
spane	ahnen	*(spannen)*
d Flöö hueschte ghööre	das Gras wachsen hören	*(die Flöhe husten hören)*
zää Meter gäg de Wind gsee, vom Schiff uus gsee	sonnenklar sein	*(zehn Meter in Windrichtung sehen) (vom Schiff aus sehen)*

Tscheggsch es?
Stiigsch? Schnallsch es?
Verstehst du? Schnallst du das?

(engl. to check *= übereinstimmen)*

Tscheggsch de Pögg?
Steigst du da durch?

(engl. puck = Spielscheibe beim Hockey)*

Dä Zwänzger isch abeghejt.
Der Groschen ist gefallen.

(Die 20-Rappen-Münze ist runtergefallen.)

de Chnopf uuftue	endlich begreifen	*(den Knoten aufmachen)*
en Chnopf ide Leitig haa, sibenevierzg Meter Kabel bruuche	sehr langsam begreifen, schwer von Begriff sein	*(einen Knoten in der Leitung haben), (47 m Kabel benötigen)*
schwüme, Baanhoof verstaa	nichts verstehen, Bahnhof verstehen	*(schwimmen)*
am Hang sii, wienen Esel am Berg sii	völlig ratlos sein	
hine und vorne nöd druus-choo, hinderem Mond sii	überhaupt nichts verstehen, vom Mond sein	

kei Blässi/	keine Ahnung
kän Blasse haa,	haben,
(Hochschein) **kän Hochschii/**	keinen blassen
Schimmer haa	Schimmer haben
underbeliechtet,	sehr dumm,
(kreuzdumm) **chrüztumm,**	stupid, blöde
geischtig underernäärt/	
obdachlos	
(nicht bis fünf zählen **nöd uf föif chöne zele**	nicht bis drei
können)	zählen können
verschwitze	vergessen

(Die obige Tabelle enthält in der linken Randspalte die kursiven Einträge: (Hochschein), (kreuzdumm), (nicht bis fünf zählen können).)

Klar wie Güle!
Klar wie Kloßbrühe! (= unklar)

(Handgelenk mal Phi)   **Handglänk mal phii**
über den Daumen gepeilt

---

zustimmen/ablehnen

(Ist gebucht!)   **Abgmacht?**   **Isch buechet!**
O. K.?   O. K.! Abgemacht! Gebongt!

abmache	vereinbaren
scharf sii	erpicht sein

Merssi!
Danke!

echli	ein wenig
gar nöd	überhaupt nicht

gäll?	**En füechte (Dräck)!**
nicht?	Nichts!

Chasch mi filme!
Ohne mich!

Es langt jetzt!
Es isch gnueg Heu dune!
Es reicht!

(es ist genug Heu unten)

Es liit dine.
Es geht gerade noch.

Das chunnt mer gschliffe!
Das kommt mir gerade Recht!
Das hat gerade noch gefehlt!

Das chunnt uf ... aa.
Das ist abhängig von ...

Das bringts nöd.
Das hät kän Spitz.
Es hat keinen Zweck.

zleid	zum Trotz
bocke	trotzen, bocken
zwängle	trotzen, erzwingen
verboret	stur, verbohrt
uufmuxe, e Tummi haa,	aufbegehren,
en tumme Latz haa,	stänkern,
stänkere,	nörgeln
e tummi Schnure haa	
eim am Züüg umeflicke	nörgeln, herum-mäkeln
uusrüefe,	sich beschweren,
motze, meise,	motzen
bäffzge, rüssle, pfuttere	
aaseiche	beschimpfen
tue wienen Sidiaan,	toben
sirache	
d Motztante,	Person, die sich
de Obermotzi	oft beschwert
de Plaaggeischt	lästige Person

(eine dumme Schnauze haben)

d Manii	fixe Idee
d Marotte, d Masche,	Masche,
de Spliin	Tour
süffisant	herablassend,
	von oben herab
s Tupee	Unverfrorenheit
schnodrig	blasiert, von
	oben herab

erstaunt sein

Da gasch abe!   *(Da gehst du runter!)*
Da staunst du aber!

Wirsch hindere gsträälet!   *(Da kämmt's dich*
Das haut dich um!   *nach hinten!)*

Da ghejt der de Chiefer abe! *(Da fällt dir der Kiefer*
Da fällt dir nichts mehr zu ein!   *runter!)*

Da stuunsch Bouchlötz!
Da staunst du aber Bauklötze!

Da bisch baff!
Da bist du sprachlos!

Säg nüüt! Weisch wie!   *(Sag nichts!)*
Da schellts di!   *(Weißt du wie!)*
Das haut dich um!(Ausrufe des Erstaunens) *(Da wirst du geschält!)*

druusbringe   **vergelschteret**
stören, verwirren   verwirrt

(Das schlägt dir den **Das haut eim de Nuggi use!**
Schnuller raus!) Das schlägt dem Fass den Boden aus!

egal!/keinProblem!

wurscht	egal, wurscht
schnurz	piepegal
schiiseglich	scheißegal
futiere	auf etwas pfeifen, sich nicht kümmern

(frz. se foutre*)*

O Blasius!
Pfiiffeteckel!
Ich pfeif' drauf!

Spaß haben

Seich mache, am Seil abelaa	Streiche spielen
Sprüch riisse, fuul sprütze	Sprüche klopfen
zum Plausch, us Plausch	zum Spaß
d Furzidee, d Schnapsidee	Schnapsidee
d Chalberej, de Gääg, de Jux	Kalberei, Streich, Witz, Gag
s Alpechalb, s Kompaniichalb	Spaßvogel
grööle, gigele	lachen
zum hoorne, (sau) glatt	lustig, zum schießen

(am Seil runterlassen)

(engl. gag*)*

Da lachsch di chrumm!
Da lachst du dich kaputt!

de Ranze voll lache,	sich kaputt	
en Schranz lache,	lachen,	
schale	sich totlachen	*(schallen)*
verchiise, verchlöpfe,	bersten	
verjage, verjätte,	vor Lachen	
vertätsche (vor Lache)		
fuxe, aazünde, hööch,	necken, foppen,	
nää, föpple, uufzie	hochnehmen	
s Chalb mache,	Unsinn anstellen,	
s Chalb ablaa,	den Kaspar spielen	
Seich mache		
en Seich aagää	belügen, schwindeln,	*(Pisse andrehen)*
	Quatsch erzählen	

Glück/Pech gehabt

es Affeschwein haa	Riesenglück haben,	
	noch mal Schwein	
	gehabt haben	
Schwein haa	Schwein haben	
de Fride haa	zufrieden sein	
uufgstellt sii,	gut drauf sein,	
guet druff sii	gut gelaunt sein	
de Föifer und s	alle Vorteile	*(den Fünfer und das*
Weggli haa,	ausnützen	*Brötchen haben)*
Figgi und Müli haa		*(„eine Doppelmühle*
		haben")
uf d Äscht uselaa	es wagen	

Anscheinend ist auch in der Schweiz die Meinung verbreitet, dass man eigentlich mehr Pech als Glück hat; jedenfalls gibt es für die alltäglichen Missgeschicke weit mehr Ausdrücke. Folgende Redewendungen stehen alle für „Pech haben":

(alt aussehen)	**alt uusgsee**
(im Schilf stehen)	**im Schilf staa**
(neben den Schuhen stehen)	**näb de Schue staa**
(in die Scheiße greifen)	**id Schiissi lange***
(Zweiter sein)	**zweite mache**
(flach herauskommen)	**flach usechoo**
(einschauen)	**iiluege**

Darüber hinaus gibt es noch:

(beim Wettbewerb)	**usefuule**	ausscheiden
	am Hang sii	in der Patsche sitzen
(einen Schuh voll 'rausziehen)	**en Schue voll usezie**	versagen
	abverheje	mißlingen
	verchauft sii	ausgeliefert sein
	verschupft	ausgestoßen, verstoßen, beiseite geschoben
	id Hose gaa	schief gehen, in die Hose gehen
(auf die Welt kommen)	**uf d Wält choo,**	eine unangenehme
(mit abgesägter Hose dastehen)	**mit abgsaagete**	Überraschung
	Hose daastaa	erleben
	in Hammer laufe	ins Messer laufen

Seeleschmätter, de Moraalisch, d Morelli haa
Depression haben, den Moralischen haben

Das plagt mi.
Das läßt mir keine Ruhe.

chnorze, am gniete sii,	etwas im Kopf	*(eine Mühe haben)*
es Gniet haa	herumwälzen	
es Puff ide	nicht klarkommen	*(ein Gewirr in der*
Bire haa		*Birne haben)*
sich hindersinne	sich schwere Vor-würfe machen	
määgge, brüele, gränne	heulen	

Wer den Schaden hat, braucht für den Spott nicht zu sorgen – auch im Schweizerdeutschen geht man mit Pechvögeln nicht allzu behutsam um:

es Zwei am Rugge haa	Pechvogel sein	
e Pumpi, e Fläsche	Versager, Flasche	*(Pumpe)*
en Brüelätsch	Heulsuse	
s Biibääbeli	Mimöschen	
de Schilipingg	schielende Person	
s Humpelbei	hinkende Person, Humpelbein	

quasseln, brabbeln etc.

schnure, schwafle, palavere, lafere
schwatzen, schwafeln, quasseln

	de **Schnureploderi haa**	reden wie ein Wasserfall
	uusbringe, uusplaudere	tratschen
	s **Glafer,** s **Gschwafel**	Geschwätz
	d **Schnädergäx**	Schwätzer
	d **Puupi**	loses Mundwerk
(über die Hecke fressen)	**über de Haag frässe**	sich einmischen
(seinen Rüssel dreinhängen)	**driifunke**	dreinreden, stören
	sin Rüssel driihänke	sich in ein Gespräch einmischen
	gaxe	stammeln
(z. B. vor Lachen)	**giixe**	quietschen
(Seilziehen)	es **Seilzie**	Diskussion
	is Gwüsse rede	gut zureden
	überschnurre	überreden
	mit sich rede laa	zu Kompromissen bereit sein
	z Bode rede	ausdiskutieren
	schnööde	spotten
	en **Aaspilig**	Andeutung
	aatöne, aaspile	andeuten
	es **Gabaree mache**	eine Show abziehen
	puupe, hööch aagää, uufschnide, blagiere, renommiere, gschwulle rede	prahlen, aufschneiden
(engl. player = *Spieler)*	de **Blöffsack,** de **Plejer**	Prahler
	giftle, giftsprütze	giftige Bemerkungen machen
	göifere, spöize	keifen
	d **Giftsprützi**	keifende Person
	e **groossi Rööre**	großes/freches Maul
	d **Gele**	gellende Stimme

80

klauen, bescheißen

de Pschiss	Betrug, Beschiß
de Abriss	Nepp
en abgcharteti Sach	ein abgekartetes Spiel
legge, verseckle,	hereinlegen,
ineliime, lingge, filze,	überlisten,
nüssle, schlitze	leimen
uusriise	schnorren, nehmen
chluppe, filze, mugge,	stehlen,
schnappe, schnele,	klauen,
chlaue, abstaube,	abstauben
abserviere	
de Hinderüggsler,	hinterlistiger Mensch,
en faltsche Siech	falscher Fünfziger
de Bschiisscheib	Betrüger
de Uusriisser	Wucherer

(linken)

schuften, arbeiten

Bis vor kurzem hatte die Schweiz eine extrem niedrige Arbeitslosenrate. Nun stellte sich aber heraus, dass Langzeitarbeitslose und Hausfrauen gar nicht von der Statistik erfasst worden waren, die Zahlen mußten nach oben korrigiert werden. Dazu kommt, dass viele Betriebe ihre Produktionswerke schließen, und ins Ausland verlegen, wo die Löhne tiefer sind. Wenn wundert's, dass da das Arbeiten mit wenig schmeichelhaften Ausdrücken umschrieben wird.

In der Schweiz wird viel gearbeitet. Nur fortschrittliche Betriebe kennen die 40-Stunden-Woche! Meistens gibt es dazu nur vier Wochen Urlaub im Jahr.

Das ist der Ort des Geschehens:

(engl. job)

d Büez, de Tschob	Arbeit
d Buude, de Stole,	Betrieb,
s Gschäft	Arbeitsort
d Chrüppelbuude,	sehr schlechte Firma,
de Saftlade	miese Bude
s Rössor	Geschäftsbereich
d Schröpfbuude	Ausbeuterfirma

(frz. ressort = *Bereich)*

Die „Herren" und die „Sklaven":

de Patron	Chef, Meister
de Sklaavehalter	Personalvermittlung
de Abriisser	Ausbeuter
de Büezer	Arbeiter
de Gango	Laufbursche

(Näher)

Die Arbeit:

d Schnupperleer	Probelehre
d Schnällbleichi	kurze Anlehre
de Tramp	festgefahrene Arbeitsweise
d Seichaarbet,	mühselige Arbeit
de Löölitschob	
en Türgg	harte Arbeit, mühsame Sache, unsaubere Geschäfte
es Chrämpfli mache/riisse	unsaubere Geschäfte treiben
e fuuli Tuur	eine unseriöse Sache, faule Tour
en Dill mache	eine Abmachung treffen

(engl. deal = *Handel)*

Schnurz und Wurscht

Die Arbeitsweisen:

(in den Stollen gehen)	**in Stole gaa**	zur Arbeit gehen
(engl. to work)	**bügle, chnüttle, chrampfe, wörke**	arbeiten *(allgemein)*
(aus dem Ärmel schütteln)	**usem Ärmel schüttle**	alles mit links machen
(arbeiten)	**schäffele**	leicht arbeiten
(etwas drauf haben)	**eine druff haa**	schnell und exakt arbeiten
	aagfrässe sii	von einer Idee gepackt sein
(Mechaniker etc.)	**chlüttere, näggele, meche**	arbeiten
	chnoorze	sich abmühen
	schaffe wie vergiftet, morxe	schuften, malochen
	schaffe wienes Ross	schuften wie ein Ochse
	sich eine abchrampfe	sich abrackern
	schluuche	viel Arbeit aufbürden
(sich in den Arsch kneifen)	**sich in Arsch chlüübe**	sich aufraffen
(stressen)	**is rotiere choo, stresse**	mit der Arbeit nicht mehr nachkommen
(ins Schleudern kommen)	**is Schlüüdere choo**	ins Rotieren kommen
	haudere, jufle, heue	hastig arbeiten, pfuschen
(Doktor machen)	**de Tokter mache**	Mühe haben, viel zu tun haben
	mischle	über Beziehungen organisieren
	aateigge	in die Wege leiten, ankurbeln
	chüngele	austüfteln, ausklügeln

de ganz Bättel hereschmeisse
eine Sache aufgeben/hinschmeißen

Und damit muss man sich auch noch rum-
plagen:

im Doppel	in doppelter Ausführung	
in Kompi	mit dem PC schreiben	
inehacke, töggele		
go stämpfle	Arbeitslosengeld beziehen	*(stempeln gehen)*
de Sudel	Entwurf	
de Chribel	Unterschrift	*(Gekritzel)*
d Kippi mache	Konkurs gehen	
umedirigiere	herumkommandieren	
schasse, speiche	entlassen	
gange werde	einer Entlassung durch Kündigung zuvorkommen	*(gegangen werden)*
gschaffig	fleißig	
pendent	unerledigt	*(„hängend")*

Und hier noch einige „Berufsbezeichnungen":

de Bänkler	Bankangestellte(r)	
de Staatschrüppel	Beamter	*(Staatskrüppel)*
d Büroamsle,	Büroangestellte	
d Bürogumsle		
de Bürogumi,	Büroangestellter,	
de Büroschangli,	Bürohengst	
de Tinteschläcker		
de Höörlifrässer,	Friseur	*(Haarfresser)*
de Höörlidieb,		*(Haardieb)*
de Guafför		

d Guafföös	Friseuse
de Schuurni *(Abk.)*	Journalist
de Gütterlischwänker	Laborant
de Zügelmaa	Möbelschlepper
de Chrüütlitokter	Naturheilarzt
de Strassebütschgi, de Strassewüscher	Straßenkehrer

Freizeit, Spiel

d Chlüüre	Murmel
s Trotti(nett)	Tretroller
Litzle, Einezwänzgerle	Black Jack
(ital. Boccia), *(frz.* Boule) **Botscha, Buul**	Boccia
s Kondi *(Abk.)*	Konditionstraining
tschuute	Fußball spielen
de Gooli	Torhüter
de Schiissitrichter	Schiedsrichter
de Jöggelichaschte	Tischfußballspiel
jöggele	Tischfußball spielen
(bogenfahren) **schiine**	skilaufen
(Pfeife) **bögle**	in Bögen skilaufen
(Gleiteisen-fahren) **Pfiife**	Skiabfahrt
schliif-isele	eislaufen

Jass

Was den Deutschen der Skat, ist den Schweizern der **Jass.** Er ist sozusagen das nationale Kartenspiel. Es gibt unzählige Spielarten; am populärsten ist jedoch der **Schieber,** der von vier Personen gespielt wird. Dabei sitzen sich die Partner gegenüber. Die Gegenpartei kann somit den Spielverlauf ändern und neue Ausgangslagen schaffen. Es hat sich ein eigentlicher Jass-Slang herausgebildet, dem man in Kneipen häufig begegnet.

Das Spiel umfaßt vier Farben und Karten von der **Sechs** bis zum **As**. In der Westschweiz spielt man mit „französischen" Jasskarten (mit den üblichen Farben Karo, Herz, Pik und Kreuz). In der Ost- und Innerschweiz benutzt man „deutsche" Karten, die statt einer Zehn ein **Banner** haben. Die Königin wurde durch einen **Ober** ersetzt (der nichts mit einem Oberkellner zu tun hat!), entsprechend heißt der Bube **Under.** Beide Kartensorten haben ihre eingefleischten Fans und ebensolche Gegner.

In vielen Kneipen hängt die lokale Spielregel aus, z. B. „Stöck Stich Wiis". Daran kann man erkennen, dass Jasskarten und Spielunterlagen erhältlich sind (natürlich nur leihweise).

Es kann durchaus vorkommen, dass eine Spielrunde scheitert, weil eine Kneipe die falsche Kartensorte führt.

en Jass chlopfe	jassen	
d Stöck	König und Ober der Trumpffarbe	
de Puur	Under, vor allem von der Trumpffarbe	*(Bauer)*
de Schälegaggi	Schellenunder	
s Näll	Trumpfneun	
de Bock	Bockkarte	
de Gwafför, de Büüter, de Sidi Baraani, de Differänzler	verschiedene Jassarten	*(Karte, die nicht mehr „gestochen" werden kann)*

Schnurz und Wurscht

de Wiis	vier gleiche oder mindestens drei aufeinanderfolgende Karten
(engl. match *= Partie)* de Matsch	die Siegerpartei erzielt alle Punkte
(frz. revanche *= Rache,* d Rövansch	Rückspiel
Vergeltung) abtische,	viele Punkte
(abräumen) abruume	machen
Dadurch können sich verwerfe	Unwichtige Karte spielen, wenn die Gegenpartei die Runde gewinnt (sticht).
die Partner indirekt zeigen, in welcher	
Farbe sie stark sind. vergää	Karten falsch austeilen
Tschau Sepp!	Kartenspiel, das mit Jasskarten gespielt wird

Musik

Hochalpe-Dixiläänd, de Ländler, de Hudigäggeler	schweizer Volksmusik
d Guggemusig, Gugge	Musikgruppe des Karnevals
(Geröllhalden- s Gröllhalde-Saxofoon	Alphorn
Saxophon) d Guuge	Blasinstrument
(Speichelknüppel) de Spöizchnebel	Blockflöte
(Knallscheit) s Chlöpfschiit	Gitarre
(Quetschbalken) de Quätschbalke	Handharmonika, Handorgel
(Psalmenpumpe) d Psalmepumpi	Harmonium
d Frömmlerkomode	
(Schnauzentrommel) d Schnuretrummle	Mundharfe
(Schnauzengeige) d Schnuregiige	Mundharmonika

d Chuchi	Schlagzeug	*(Küche)*
de Platteleger	Discjockey	
lüpfig	beschwingt	*(Musik)*

lernen, studieren

Schüler haben oft einen eigenen Slang, der von Schule zu Schule oder sogar von Klasse zu Klasse variiert. Um sich gegen rivalisierende Gruppen abzugrenzen, werden zudem immer neue Ausdrücke erfunden. Manchmal verbreiten sie sich allerdings in erstaunlicher Weise. Hier ein paar allgemeine Ausdrücke:

	d Chegelischuel, de Chindsgi *(Abk.)*, d Gfätterlischuel,	Kindergarten
(Nachttopfschule)	d Häfelischuel	
(allgemein)	de Intelligänzkiosk, d Schüelerfabrik	Schule
	s Gimi, de Gimer *(Abk.)*	Gymnasium
(Oberstufe)	d Sek/d Real *(Abk.)*	Sekundarschule/ Realschule
	d Schnuurpfi, d Handsgi	Handarbeitsschule
(RS bezeichnet	d Rüebli RS	Haushaltsschule
eigentlich die	s Ex,	*(Abk. für: Examination)*
Rekrutenschule,	d Proob	Prüfung
d. h. die Ausbildung	büffle	auf eine Prüfung lernen, büffeln
beim Militär)		
	stresse	viel zu tun haben, im Streß sein
	hirne	scharf nachdenken
	spicke	abschreiben
	sudle	unleserlich schrei- ben, schmieren
(einblasen)	iiblase	vorsagen, vorflüstern
	abschiffe, es Schwümmfäscht haa	schlechte Prüfung schreiben
	chläme	Schule schwänzen, blau machen
	gspickt werde, gspeicht werde	von der Schule fliegen

Die Notenskala, die die **Nooteschiisser** (Lehrer) zur Verfügung haben, reicht von Sechs (beste Note) bis Eins (schlechteste Note).

en Nagel	Eins	*(schlechteste Note)*
en Nagel mit Ländeschürzli	Eineinhalb	*(zweitschlechteste*
en Abschiffer, Schiffbruch	schlechte Note	*Note)*
dureghejt	nicht bestanden	*(Prüfung)*
en Eere-Rundi treje	nicht versetzt werden	*(eine Ehrenrunde drehen)*

A d Seck! *(An die Säcke!)*

Packen wir's an! Ran an die Bouletten!

bubiliecht	sehr leicht (Aufgabe), bubileicht	
de Theek	Schulranzen	
de Chugi *(Abk.)*	Kugelschreiber, Kuli	
de Tolgge	Tintenklecks	
d Proobeziit	Probe- /Bewährungszeit	
d Legi	Studentenausweis	*(Abk. für: Legitima-*
de Fackel	Zettel, Blatt Papier	*tionskarte)*
de Frässzädel	Notizpapier, Schmierzettel	

Schläge bekommen

d Standpauke	Schelte
Chretz, Chritz	Streit
de Chlapf,	Ohrfeige,
d Muulschälle	Maulschelle
Fuditätsch	Schläge auf den Hintern
Lämpe	Zoff
en Schlötterlig	üble Nachrede

Tamtam mache, en Wirbel mache
Aufhebens, Lärm machen

Jemandem Schläge oder eine Ohrfeige androhen:

Es chlöpft jetz dänn!
Es knallt gleich!

Ich hau der eis an Baanhoof, das der alli Gsichtszüüg entgleiset!
Ich schlage dich an deinen Bahnhof, so dass alle Gesichtszüge entgleisen.

Schmöcksch de Töff!
Riechst du das Mofa?

Schmöcksch wie s töötelet?
Riechst du den Totengeruch?

Wotsch de Gong?
Willst du den Gong?

Hat die Drohung nicht die beabsichtigte
Wirkung, folgen handfestere Methoden:

in Sänkel stele,	zurechtweisen,
d Chappe/	(jem.), den Kopf
de Chopf wäsche	waschen
en Rüffel iifange	einen Rüffel bekommen
e Wule haa	zornig sein
eis wüsche, eis bache,	ohrfeigen
eis flicke, eini wichse,	
eis hinder d Chieme gää	
chifle	streiten, keifen
tätsche, uf de Ranze gää	schlagen
uf de Ranze überchoo,	Prügel
uf d Schnure überchoo	bekommen
schlegle	sich raufen
zämetöffle	verprügeln, zusammenschlagen
jäte	umhauen
schliisse	zerstören
öpper in Sack nää	jemand kalt stellen

Finger ab de Rööschti!
(Finger weg von der Rösti!)
Pfoten weg! Hände weg!

Mach käs Puff!
Mach keinen Streß!

spinnen, nicht durchblicken

Die folgenden Ausdrücke meinen alle
„Spinnst du?":

(Leidest du?)	**Häsch es Liide?**
(Arbeitest du sonntags?)	**Schaffsch am Sunntig? Spinnsch?**
	Häsch en Vogel?
(Hast du eine Vogelzucht eröffnet?)	**Häsch e Vogelzucht uuftaa?**
	Hätts di? Gaats no?
	Häsch en Flade? Häsch en Floo?
(Hast du einen Riß in der Schüssel?)	**Häsch en Sprung ide Schüssle?**
(warmen Yoghurt in der Tasche)	**Häsch en Tagg? Bisch tiggtagg?**
	Häsch es waarms Jogurt im Hosesack?
	Hätts der is Hirni gschisse?*
	Hätts der is Hirni gschneit?
(Bist du bei roter Ampel über die Straße gegangen?)	**Bisch dure bi root?**
	Bisch weich? Bisch bireweich?
	Häsch en Knall (ide Bire)?
	Bisch Hugo? Bisch psücho? Bisch schizo?
(Bist du nicht durchgebacken?)	**Bisch nöd ganz bache?**
	Bisch nöd ganz piip?
	Bisch vollmorsch?
	Bisch nöd ganz hundert?
	Bisch nünenünzg?
	Bisch homo? Bisch gstöpslet?
(Spürst du den Föhn? = Südwind)	**Gspürsch de Föön?**
	Spucksch/täggets bi dir?
	Häsch en Dachschade?
	Häsch e Pause?
(Hast du einen Tilt am Flipperkasten?)	**Bisch dure im Programm?**
	Häsch en Tilt im Chaschte?
	Häsch es Redli ab (en Zacke ab)?

94

Verzell vo dim Unfall!
Erzähl mir von deinem Unfall!

Da chunsch Vögel über!
Da kriegst du Vögel!

Chasch mi gernhaa!
Mach mi nöd müed!
Mach mich nicht an!

gstöörts	chepps
verrückt	verrückt, merkwürdig, schief

Schiss, Angst haben

Schiss	Angst, Schiß	
de Biberi haa,	Angst haben,	*(Kacke in der*
de Gagg ide Hose haa	Schiss haben	*Hose haben)*
de Hoseseicher,	Angsthase	*(Hosenpisser)*
de Schisshaas,		
de Hoseschiisser		

kaputt, erschöpft sein

uf de Schnure, uf em Hund, uf de Stümpe sii, schläbee, säckee	kaputt/ erschöpft sein
tilt/amene Rumpf sii, uf de Felge sii, übere sii, en Tilt ide Bire haa	auf dem Zahnfleisch gehen

de Pfau mache	schlapp machen
Stalldrang haa	nach Hause gehen (wollen)
verschnuufe	Pause machen
riläxe	entspannen
undere gaa	ins Bett gehen

(engl. to relax) is on the left of **riläxe**.

Ich haus is Näscht.
Ich gehe ins Bett/schlafen.

pfuuse, bache, chnure,	schlafen,
am Chüssi lose,	an der Matratze
es Liggi mache	horchen
d Pfane, s Näscht,	Bett
d Fädere, d Spiilwise	
saage	schnarchen
umeblööterle,	Zeit vertun,
umeplämperle	rumtrödeln
plegere,	herumliegen,
umeplegere	herumsitzen
uf em Ranze ligge	sich rumfläzen, auf der faulen Haut liegen
floone	faulenzen
de Flooner	Drückeberger, Faulenzer
e fuuli Chrott	Faulpelz
es fuuls Pflaschter	
en fuule Sack	

(am Kissen horchen)
(Liege machen)
(Nest)
(Federn), (Spielwiese)
(sägen)
(faule Kröte)

Reaktion auf Gähnen **Muul zue, es ziet!**
Maul zu, es zieht!

Blaue mache, schwänze
krank feiern, blau machen

Körperteile

de Stei, d Nuss,	Kopf,	
de Näggel, de Chürbis,	Schädel,	
de Pöli,	Birne	
d Büchs, d Bire,		
de Grind, de Gring,		
d Flüügeschliifi	Glatze	*(Fliegengleitbahn)*
s Schmöckschiit,	Nase	*(Riechscheit)*
de Gsichtserker,		*(Gesichtserker)*
de Zingge		*(Zinken)*
de Latz, d Chlappe,	Mund, Klappe,	
d Schnure,	Schnauze	
de Suppeschlitz		*(Suppenschlitz)*
de Gartehaag	Zähne	*(Gartenzaun)*
d Pfoote, d Taape,	Hand, Pfote,	
d Chlaue	Klaue	
d Chabisbletter	Segelohren	*(Kohlblätter)*
d Friise	Frisur	
d Butzfäde, de Zopf,	Haar	
s Moos		
d Fransle (Mz.)	Pony (-fransen)	
d Pauke de Ranze,	Wanst	
d Trummle,		*(Trommel)*
d Woolstandsbüüle		*(Wohlstandsbeule)*
de Bierbuuch,	Bierbauch,	
de Güggelifridhoof	Schmerbauch	*(Hähnchenfriedhof)*
d Chlüppli (Mz.)	Finger	
de Puggel	Rücken	*(Puckel)*

d Schejche	Bein, Schienbein
d Haxe, d Flosse	Flosse, Fuß
de Rüssel	Mund; Nase
brandmager	spindeldürr
d Hüenerhuut	Gänsehaut
d Märzetüpfli	Sommersprossen
(engl. face) **s Fejss**	Gesicht
s Füdli, s Fudi	Hintern, Po

Zuhause

d Hütte	Haus, Hütte
(Loge) **d Buude, d Loosche**	Wohnung, Bude
de Gade, de Schopf	kleine Holzhütte
de Schlaag	Wohnung, Zimmer
d Winde, de Estrich	Dachboden
d Zinne	Dachterrasse
d Stäge	Treppe
d Türfalle	Klinke
s Brüneli, s Lavabo	Waschbecken
de Schüttstei	Ausguß
de Chaschte, de Schaft	Schrank
d Bire	Glühlampe
d Gschirrwäschmaschine,	Geschirrspüler
d Abwäschmaschine	
s Glettise;	Bügeleisen;
glette	bügeln
d Ständerlampe	Stehlampe
zügle	umziehen
d Züglete	Umzug

s **Chuchichäschtli** (Küchenkästchen) ist das Paradewort, um das schweizerdeutsche „**ch**" zu üben. Generationen von Touristen aus Japan und den USA haben sich bereits damit abgemüht.

(Un)Ordnung

s **Chrüsimüsi,**	Mischmasch,
s **Mischmasch**	Durcheinander
s **Puff**	Unordnung, Streß, viel Arbeit
d **Uuslegioornig, de Verlag**	Unordnung
de **Grümpel**	Krempel
de **Güsel**	Müll
de **Mischtchübel**	Mülleimer
d **Gugge, de Papiirsack**	Tüte
d **Trucke**	Schachtel

	de Lumpe	Lappen
	verlotteret,	verwahrlost, lose,
	lotterig	klapperig
(verhühnern)	**verhüenere**	verlegen
	uufbiige	stapeln
	d Biig, d Biigi	Stapel
	de Fläre	Fleck
	lättere	klecksen
	versorge, verruume	aufräumen, ordnen
	(uuf)puffe	aufräumen
	büschele	ordnen
	schruppe, butze	reinigen

Wetter

(eindunkeln)	**iitunkle**	dämmern
	tüppig	schwül
	seichwaarm	lauwarm
	strääze	Bindfäden regnen
	fiserle	nieseln
	de Schiff	Regenguß
(Regen)	**s Seichwätter**	Sauwetter
	de Blaascht	Sturm
	de Pflotsch	Matsch
	seichnass, bachnass,	klitschnaß
	plotschnass	
	heidechalt	saukalt
	bibere	frieren, bibbern
	aaper	schneefrei
	de Schärme	Schutzdach,
		Unterstand
	d Wächte	Schneeverwehung

Es hudlet.
Es schneit (Schauer).

Es schiffet/pisst*.
Es schifft. Es pisst.

Es rünnt. *(Es rinnt.)*
Es schiffet us allne Chübel.
Es gießt aus allen Kübeln.

Es schiffet was s abemag.
Es seichet wiene Moore. *(Es pißt wie eine Sau.)*
Es schifft, was das Zeug hält.

Es chuutet.
Es stürmt.

Redewendungen

(Die sollen dies **Die sölled das mitenand uusjasse.**
zusammen ausjassen.) Sie sollen sich selber einigen.

(nicht Hand noch
Fuß haben)
(in die Zange nehmen)
(eine lange Nase drehen)
(den Heuwagen
überladen)

kä Händ und	nicht fundiert
Füess haa	sein
id d Zange nää	gründlich prüfen
e langi Nase mache	auslachen
s Fueder überlade	des Guten zuviel
	tun

Es muess öppis gaa.
Es muss was geschehen.

(Es geht weg wie frische **Es gaat weg wie frischi Weggli.**
Brötchen.) Es findet reißenden Absatz.
Es geht weg wie warme Semmeln.

(etwas zur Hand **öppis ad Hand nää**
nehmen) sich einer Sache annehmen

(Der/die hat alle **Dä/die hät alli abtröchnet!**
abgetrocknet.) Er/sie hat alle in den Schatten gestellt.

(Da kannst du Gift **Da chasch Gift druff nää!**
drauf nehmen!) Das ist bombensicher!

Du bisch min Sargnagel/min Untergang!
Du ruinierst mich!

ade Nase umefüere	an der Nase rumführen	*(auf der Nase rumtanzen)*
uf de Nase umetanze	zum Besten halten	
vor dinere Nase	genau vor dir	*(vor deiner Nase)*

Nimm di ade eigne Nase!
Faß dich an deine eigene Nase!

Wüsch vor de eigne Türe!
Du bist auch nicht besser, du hast nichts zu
sagen!

*(Feg vor deiner eigenen
Tür!)*

Es isch öppis im tue.
Es geht los!

(Es tut sich was.)

Es lauft öppis. Es gaat öppis.
Es wird etwas getan.

(Es läuft was.)

de Rank finde
zurechtkommen

(die Kurve kriegen)

Da gönd der grad d Schuebändel uuf!
Da staunst du Bauklötze!

*(Da öffnen sich deine
Schuhriemen!)*

en Tolgge im Reinheft haa
Schande machen

*(einen Tintenklecks im
Schulheft haben)*

De/die isch imstand und macht das!
Ihm/ihr ist das völlig zuzutrauen!

(Da bleibt dir der **Da gaat der de Schnuuf uus!**
Atem weg!) Da bleibt dir die Spucke weg!

(über das Seil schlagen) **über d Schnuer haue**	ausgelassen feiern, übertreiben, über die Stränge schlagen
(einen Stein im Brett haben) **en Stei im Brätt haa**	bei jemandem gut ankommen
(einen Stein in den Garten werfen) **en Stei in Gaarte rüere**	einen Gefallen tun

(über das Seil schlagen) **über d Schnuer haue** ausgelassen feiern, übertreiben, über die Stränge schlagen

(einen Stein im Brett haben) **en Stei im Brätt haa** bei jemandem gut ankommen

(einen Stein in den Garten werfen) **en Stei in Gaarte rüere** einen Gefallen tun

Das isch em in Chopf gstige.
Dem isch s Gäld in Chopf gstige.
Der ist größenwahnsinnig geworden.

(ein Büro eröffnen) **es Büro uuftue,** viel Aufhebens
(Gescheiße ablassen) **es Gschiss ablaa** machen
(aus dem Ärmel schütteln) **usem Ärmel schüttle** leicht fallen
(durchs Band) **dur s Band weg** ohne Ausnahme, durch die Reihe

Das hät jetzt öppis bruucht!
Das dauerte aber!

(engl. people = Leute) **Es hätt jeenes Piipel.**
Es sind viele Leute anwesend.
Es herrscht ein Gedränge.

(auf jem. allergisch sein) **uf öpper allergisch sii,**

(das Heu nicht auf dem selben Heuboden haben) **s Heu nöd uf de glliche Büüne haa**
jemanden nicht ausstehen können

Das bringts nöd.
Das hät kän Spitz.
Das hat keinen Zweck.

Da gits nüüt z hueschte. *(Es gibt nichts zu*
Da gibt's nichts auszusetzen. *husten.)*

Häsch Schüblig ide Oore? *(Hast du Würste in*
Hörst du schlecht? *den Ohren?)*

öpper in Sänkel stelle	jemanden schelten	
es Hüenli rupfe	zur Rede stellen	*(ein Hühnchen rupfen)*
öpper fertig mache,	jemand fertig/	
zur Sou mache,	zur Sau/zur	
zur Schnecke mache	Schnecke machen	

Mach mi nöd fertig! *(Mach mich nicht*
Laß mich in Ruhe! Bleib mir vom Leib! *fertig!)*

De/die kännt jetzt nüt. *(Der/die kennt jetzt*
Der/die geht aber ran! *nichts.)*

Da bisch verchauft! *(Da bist du verkauft!)*
Da hast du keine Chance!

Es isch mer verleidet.
Da chunnsch de Verleider über.
Ich habe keine Lust mehr.

Häts der uf d Chappe gschnejt? *(Hat es dir auf die*
Bist du enttäuscht? *Mütze geschneit?)*

Henne-, Hüüne-, Hüperguet

super, spitze, affengeil

Hier eine Sammlung von Ausdrücken, die eher Positives ausdrücken:

verruckt, saagehaft,	super,
waansinnig, gääch,	verrückt,
(ober)affegeil, geil,	sagenhaft,
hüüneguet, henneguet,	affengeil,
hüperguet, soliid,	bombig,
feudaal, arschgeil,	gepflegt,
d Bombe,	cool,
de Waan, süttig, flippig,	spitze,
gedige, cuul,	perfekt,
gepflegt, genial,	sauber
filmriif,	etc.
spitzig, gschärft,	
sackstarch, salonfähig,	
tierisch, grausam,	
en/de Riisser, (irr)läss,	
e suuberi Sach	
uu-..., uuhuere-...,	sehr/wahnsinnig/
mords-..., höle-...,	mordsmäßig ...
huere-..., wie Anton	
(schändlich) **schammpaar**	
(z. B.: jeens Püpel, **jeens** (Ez.)	viel, massenhaft,
jeens Volk, jeeni Lüüt **jeeni** (Mz.)	jede Menge
= eine ganze Menge **jeenschti** (Mz.)	gesteigerte Form
Leute)	von **jeeni**
aagfrässe sii	wild sein (auf etwas)

Das haut/fägt!
Das ist super! Das bringt's!

Das isch die Schou/de Hit!
Das ist die Show/der Hit!

Schitter, Hool und Faad

blöde, beschissen

faad	langweilig, öde
stier, hool	doof
soublöd	saudoof
leid	übel, hässlich
sackschwach, schitter	mies
en Seich	Scheiße, Mist
zum chotze	ekelhaft
priiv *(Abk.)*	primitiv
gschisse, verschisse*	lausig
am Arsch	futsch, kaputt
s hinderletscht, en müede Furz	das Letzte
denäbe, näbed de Schue	daneben, deplatziert
stock-...	sehr (im Zusammenhang mit „negativen" Eigenschaftswörtern)
stocksuur sii	total sauer sein
himmeltruurig, verheerend, Schmalspur	schlimm

penibel
peinlich

müesam
unangenehm

Das isch jensiits.
Das ist absurd.

en Heisse
heikle Angelegenheit

Das stinkt zum Himmel.
Das isch ober-/stinkfuul.
(Da klemmt was.) **Da chlämmt öppis.**
Da ist was faul.

Flüche und Ausrufe

(gopf ist eine verstümmelte Form von „Gott vedammt!") **gopf, gopfertoori, gopferteli, gopfertekel, gopfridstutz, gopfridli, vertami, verchlemmi**	Verdammt!
(engl. shit = Scheiße) **Schitt!, Schiissdräck!**	Scheiße!
Hueresiech*!, Schiissebach!	Mist
Läck! Läck mir!, Läck Beck!, Heilige Bimbam/Stroosack!, heiligs Verdiene!, heilige Faane!, sternesiech!, sterneföifi!, sternecheib!, sternehagel!, zum Dunner!, Dunnerhagel!, verbrännti Zeine!, verbrännte Cheib!, verreckt!*, Heilandsack! * heilige/verreckte Siech!*	Leck mich! Leck mich am Arsch! Verdammte Scheiße! etc.

108

Globi, Knorrli, Täät Garee

Schimpfwörter und Beleidigungen

Die Schimpfwörter eröffnen ein weiteres großes Gebiet des Slangs, der keine Schranken kennt. Die Skala reicht von Bezeichnungen für große und kleine Leute, für Alt und Jung, für „ihn" und für „sie" bis hin zu Bezeichnungen für „Naivchen" und „sturer Bock".

für Fremde

In besonders hinterwäldlerischen Gebieten kommt es sogar drauf an, wie lange die Familie schon im Ort ansässig ist. Außerdem läßt sich ja bereits anhand des Dialektes sofort feststellen, aus welcher Gegend der/die Betreffende stammt.

Zunächst einmal grenzen sich die SchweizerInnen gegen die anderen SchweizerInnen ab: Fremdi Fötzel sind erst mal alle, die nicht aus dem eigenen Dorf stammen.

Mehr Schwierigkeiten haben aber Landsleute, die nicht Deutsch sprechen. Die Sprachgrenze zwischen den **Welschen** oder **Romans** (das sind die französisch Sprechenden) und der Deutschschweiz wird deshalb scherzhaft **Röschtigrabe** genannt.

Als Deutscher (aus der Bundesrepublik) sollte man sich auch nicht wundern, wenn man von Schweizern **Schwaab** genannt wird. **Schwaab** bezeichnete ursprünglich „die jenseits des Rheins"; heute bedeutet es

Rösti ist eine typisch deutschschweizerische Kartoffelspeise.

einfach „Deutscher", egal ob aus Ulm oder aus Hamburg. Die Bezeichnung an sich ist nicht direkt abwertend gemeint; der Ausdruck **Souschwaab*** (Sauschwabe) ist jedoch bereits weniger freundlich.

Auch die folgenden Bezeichnungen sollten möglichst nicht gebraucht werden:

(ital. cinque = *fünf)*

de Tschingg*	Italiener(in)
de Tschäpser*, s Schlitzaug	Japaner
s Amifass	dicker Ami

für Männer

Globi und Knorrli sind zwei Eigenbrötler. Ihre Geburtsstunde war, als sie als Firmenmaskottchen Furore machten.

Globi ist von „Globus", dem Namen einer Kaufhauskette, abgeleitet, **Knorrli** von dem bekannten Suppenhersteller. **Globi** ist inzwischen eine beliebte Kinder-Comicfigur. Da er aus der Familie der Papageien stammt, ist auch der Ausdruck **Globivogel** (Witzbold) im Umlauf.

Hier eine reichliche Auswahl von abfälligen Ausdrücken, deren Wirkungen man aber besser nicht ausprobieren sollte:

(Typ)
(Pinkel)
(engl. guy)

de Mano, de Tüpp	Mann, Typ
de Pinggel	kleiner Kerl
de Gei, de junge Trüübel,	junger
de junge Schnuufer,	Spund
de Schnuderi	
de Schutzli	Schussel

de Lappi, s Chüechli,	Dummerchen,	
de Chümi	Lappen	
de Glöggliböögg,	Narr	*(Schellennarr)*
de Moschtchopf,		
s Mondchalb		

	en Halbschlaue	Trottel
(Halbschuh)	de Tubel, de Halbschue,	Flasche, hohle
	de Doofmään, d Fluusche	Nuß, Dummkopf
	de Suppelööli, de Löffel,	Dummkopf
	de Lööli, de Glünggi,	
	de Doocht	
(quadratische Banane)	e viereggigi Banaane,	Dusseltier,
	de hool Püggel	Banane
	de Fötzel, de Hundschieb,	Lump,
	de Glunnggepuur	das Allerletzte
	de Fätze, d Boonestange,	Hüne, langes
(Dachrinnensäufer)	de Dachchänelsuufer,	Elend,
(Porreestange)	de Lauchstängel,	Bohnenstange,
	de Stüürchel	langer Lulatsch
	de Spränzel,	Spargeltarzan,
	de Mägerlimuck	schmales Hemd
	de Dicksack	Fettsack
	de Ruech,	grober Mensch,
	de Holzbock	Rüpel, Flegel
(Jauchebauer)	de Gülepuur	unordentlicher Mensch
	de Wixer*	Macker
(frz. tête carrée)	de Täät Garee,	Quadrat-
(Stierkopf)	de Munigrind,	schädel,
	de stuur Bock,	sturer Bock
(Stierkopf)	de Stieregrind,	
	de Setzchopf, de Steckchopf	
(Pünktchenscheißer)	de Tüpflischiisser	Pedant, Haarspalter
	de Bünzli,	Spießer,
	de Füdlibürger	Kleinkarierter
	de Giftzwerg,	Giftspritze,
	de Ekelzwerg	zänkischer Typ

de glismet Heiland	Sektierer, Frömmler	*(gestrickter Heiland)*
de Chupfer-Wulle-Bascht-Tüpp, de Friik	Alternativler, Körnerfresser	*(Kupfer-Wolle-Bast-Typ)*
de Liimsüüder, s Laama, de Lamaaschi	Langweiler, Laschi, Lahmarsch	*(Leimsieder)*

Weitere Bezeichnungen für „Dummkopf, Trottel, Hanswurst, Quatschkopf, Taugenichts, dummer Hund":

de Quadraatschanggli	**de Fudimanggööggi**
s Kamuff	**de Chalbschopf** *(Kalbskopf)*
de Totsch	**de Gwaagichopf**
de Tschumpel	**de Teiggaff**
d Pinggel	**de Gaggalaari**
de Tschooli	**de tumm Hagel/Hund**

Stärkere Bezeichnungen für „Arschloch, Arschgesicht, Schweinehund, Saukerl, Scheißkerl, Affenarsch, Idiot" etc:

de Galööri	**de Dräckniggel**
s Arschguutsi	**s Füdligsicht** *(Arschgesicht)*
de Ghirn-Amputiert	**de Dräcksiech***
de Armlüüchter	**de (Schaaf)Seckel***
de Dräckcheib	**de Souhund***
de Dräcksack	**de Siech**
de Schiisshund*	**de Hurenaff*** *(Hurenaffe)*
de Schiisskerl*	**s Aas**
de Lumpehund	**s Arschloch im Quadraat***

für Frauen

(Murmel)	s Beeri, d Chlüüre,	einfältige
(Keks)	d Gumsle, s Guetzli	Frau
	d Zwätschge, s Tüpfi,	
	s Bütschgi, d Scheese,	
	d Schachtle	
(Bauernfünf)	s Puureföifi,	Landpomeranze,
	s Landei	Naivchen
(Henne)	d Gluggere	Glucke
	e dicki Pfunzle	dicke Frau
(engl. chicken = Huhn)	s Tschigg	junge Frau
(Kratzkatze)	d Chräblichatz	Kratzbürste, Zicke
(Schleiereule)	d Schleierüüle,	häßliche Frau,
	d Schreckschruube	Schreckschraube
	e tummi Geiss,	blöde Ziege,
	d Chlefe,	dumme Gans,
	d Chleechue	Zimtzicke
	d Tschättere	dummes Weib
(Reibeisen)	s Riibise, s Räss	Keifliesel

für Kinder

Auch mit der Geduld der Eltern hat es mal ein
Ende, die „lieben Kleinen" werden manchmal
nicht ganz so liebevoll bedacht.

	d Chnöpf, d Goofe,	Knöpfe,
(engl. kids = Kinder)	d Kids	Kinder
(Sandkastenrocker)	de Sandchaschterocker,	Teenie
(Pickelgesicht)	s Püggelgsicht	Pickeljüngling

de Schrejhals, de Brüelicheib	brüllendes Kleinkind
s Mamititti	Nesthäkchen
en chliine Pfüderi	Dreikäsehoch, Stöpsel
s Fägnäscht, de Gischpel	Zappelphilipp
de Luusbueb, s Luusmeitli, de Schnuderbueb	Rotznase, Lausbube
de Schmierfink	Schmutzfink

Aber es dauert nicht lange, und der Nachwuchs bedenkt seine Mitmenschen mit ebenso wenig schmeichelhaften Ausdrücken:

de Aahang	Familie	
di Regierig,	Eltern	*(Regierung)*
d Elschtere,		*(Elstern)*
di Alte		*(die Alten)*
miini Alt	meine Mutter/Freundin/Ehefrau	*(meine Alte)*
min Alte	mein Vater/Freund/Ehemann	*(mein Alter)*

für Alte

Den älteren Mitmenschen wird nicht nur Respekt entgegengebracht:

de Ätti, de Bäppel,	Alter,	*(frz. vieux gaga*
de Wiöö gaga	Opa, Oldie	*= alter „gaga")*
de betagt Karton	alte Schachtel	*(humorist.)*
gaga, verchnöcheret	senil, alt, träge, verkalkt	
s letschte Uufgebot	Senioren-Reisegruppe	*(das letzte Aufgebot)*
di senili Bettflucht	Altersschlaflosigkeit	*(senile Bettflucht)*

Zweierchischte und Fangise

Zwischengeschlechtliches

Die große Anmache läuft wie überall in Discos, Kneipen, öffentlichen Bädern etc. ab. Ein typisch schweizerisches Understatement ist das Sätzchen **„Ich ha di gern."** (Ich habe dich lieb), das „Ich mag dich", aber auch „Ich liebe dich" bedeuten kann. Hier kommt es auf die Körpersprache an.

verliebt, verlobt, verheiratet

mischle, schare,	anbaggern,	*(scharren)*
eini scharf mache,	aufreißen, eine	
uufriisse	scharf machen	*(aufreißen)*
d Mischlerej	Anmache	
s Gschleik	Affäre	
äugle	mit den Augen flirten	
schääkere	flirten, herumalbern	
taape, tööple,	zudringlich	
nööchperle	werden	
füdele, höbele	schmeicheln	
abschleppe	abschleppen	
abgspängschtig mache	ausspannen	
abblitze laa	auffahren lassen,	
	abweisen	
abspringe	nach einem Flirt	
	abblitzen lassen	
am Gängelband füere	kurz halten	
uf öpper staa	jmd. lieben, mögen	*(auf jemand stehen)*

Es hätt mer de Ärmel iegnoo.
Ich bin verliebt.

(Mir hat's den Ärmel 'reingezogen.)

verknallt,	verliebt, verknallt,	
verschosse	verschossen	
über beidi Oore	bis über beide	*(über beide Ohren*
verliebt	Ohren verknallt	*verliebt)*
gschliichig	„schlüpfrig" (vor allem für	
	Männer, die sich auf unan-	
	genehm-klebrige Art an	
	Frauen ranmachen)	

Es geht zur Sache:

blutt	nackt
füdliblutt	splitternackt
gääch sii, s Riisse haa, spitz/giggerig sii	heiß/geil sein
(abschlecken) **abschläcke** (verächtlich)	knutschen, schmusen
de Suuger	Knutschfleck
hops mache	schwängern
(etwas im Ofen haben) **öppis im Ofe haa**	schwanger sein
(Besuch von Tante Rosa) **d Mens haa, Bsuech vode Tante Rosa haa**	Periode haben

Kondome gibt es mittlerweile in jedem Supermarkt zu kaufen. Da es vielen Leuten noch immer peinlich ist, das Wort „Kondom" auszusprechen, werden die Gummis unter dem Slogan **„stop AIDS"** in den Regalen angeboten.

Spezialgeschäfte bieten aber auch witzige und ausgefallene Modelle an. **de Pariiser, de Gummi, de Verhüeter**
Kondom

Dann wird es etwas ernster:

(Zweierkiste) **s Päärli**	Liebespaar,
(zusammensein) **d Zweierchischte**	Pärchen
(mit jem. gehen) **zäme sii**	ein Paar sein,
(zusammen abschieben) **mit öpperem gaa**	zusammen gehen
	zäme schiebe

("Fangeisen" = Ehering) So mancher, der es bis zum **Fangise** gebracht hat, sucht bald wieder die Freiheit:

(abhängen) **abhänke,**	sich von jemandem
(den Schuh geben = treten) **de Schue gää,**	trennen
Schluss mache,	
(im Regen stehen lassen) **im Räge staa laa**	
(auseinandergehen) **usenandgaa**	sich trennen

„er" und „sie"

min Lover,	mein Freund,
(engl. guy *= Kerl)* **min Gei**	Lover, Typ, Kerl
de Stürmi	Draufgänger
de Glüschtler,	geiler Bock,
de Umehueri,	Lüstling,
de Luschtmolch	Lustmolch
de Stänz	Zuhälter
(Halbseidener) **de Halbsidig**	Geck
de Taapi	Zudringling
de warm Brüeder,	Homo,
de Homo, eine vom	warmer Bruder,
andere Uufer, en	Schwuchtel
Jeensiitige, d Schwuchtle	
(Mäuschen) **Muus, Müüsli**	Liebling, Schatz, Mäuschen
de Schnüggel,	Schnucki,
de Schnuggi	Schatz
de Aahang	Anhang
d Chatz, de heiss Ofe,	Katze, steiler Zahn
d Schabe, d Superschabe,	Mieze
de Sexproviant	

(Knastfleisch)	**s Chefifleisch**	Jugendliche unter 16 Jahren, die sich noch im Schutz-alter befinden
	d Schixe,	Nutte,
	d Asfaltschwalbe,	Asphaltschwalbe
	d Randsteiamsle, d Flööte	
	d Zupfstube	Bordell, Massagesalon

die Geschlechtsteile

Er hat:

(Murmeltasche)	**de Chlüüresack**	Sack
(Schellen)	**de Seckel, d Schäle**	Eier, Glocken
(Ständer)	**de Ständer,**	Latte, Ständer
(Steifer)	**en Stiife**	
	de Günggel,	Pimmel,
(Riemen)	**de Rieme*,**	Schwanz,
	de Schwanz,	Prügel
(Schnäbelchen), (Pfeife)	**s Schnäbi, d Pfiife**	
	de Riemespanner*	sexy Anblick, Scharfmacher

Sie hat:

	d Lungeflügel,	Vorbau,
	de Schoppe	Glocken
	s Fallobscht	Hängebusen
(Schnecke)	**de Schnägg**	Möse
	de Büschel	

s Vrenelis Gäärtli	Venushügel (eigentl. ein Schneefeld in den Glarner Alpen)
de Sosseschlitz	Scheide
de Zigerschlitz	

(Saucenschlitz)
Der Ziger ist eigentlich eine Käsesorte (vgl. Kapitel „Rund ums Essen"). Zigerschlitz ist auch die scherzhafte Bezeichnung für den Kanton Glarus!

Ausdrücke zum Geschlechtsverkehr

„Mitenand is Näscht gaa" (zusammen ins Nest gehen) ist ein vergleichsweise harmloser Ausdruck für „miteinander schlafen", in sich haben es die folgenden:

rüttle,	bumsen	*(durchschütteln)*
beschtiige,		*(besteigen)*
vögle, stoosse,		*(vögeln), (stoßen)*
bürschte,		*(bürsten)*
ruesse*,		*(Kamin fegen)*
tünkle*		*(eintunken)*
umehuere	häufig den Partner wechseln	*(herumhuren)*
wixe*,	onanieren	
sich öppis z'guet tue		*(sich etwas zugute tun)*
schüttle	wichsen (Männer)	*(schütteln)*
stinkfingerle	masturbieren (Frauen)	*(Stinkfinger kriegen)*
d Wixvorlaag	Pornobild oder Heft	

Literaturhinweise

Es gibt für alle wichtigen Dialekte Wörterbücher, die laufend überarbeitet werden. Am umfassendsten informiert das folgende Standardwerk, das sämtliche Varianten, Herkunft und Anwendungsbeispiele enthält (man findet es in jeder größeren Bibliothek):

Schweizerisches Idiotikon. Wörterbuch der schweizerdeutschen Sprache. Frauenfeld: Huber 1881ff. Inzwischen ist man beim Buchstaben „W" angelangt. 2020 soll das Werk vollendet sein. Eine preiswerte Volksausgabe ist in Planung.

Wer sich allgemein einen Überblick verschaffen will, bekommt hier eine knappe Einführung:

Andreas Lötscher: Schweizerdeutsch. Geschichte, Dialekte, Gebrauch. Frauenfeld: Huber 1983 (vergriffen)

Eine gute Übersicht über das schweizer Hochdeutsch bietet:

Kurt Meyer: Wie sagt man in der Schweiz? Wörterbuch der schweizerischen Besonderheiten. Mannheim: Duden (Duden Taschenbuch Bd. 22) 1989 (vergriffen)

Bücher zur auf der Straße gesprochenen Sprache veralten leider in kurzer Zeit. Aktuell sind:

Christian Scholz:
Neue Schweizer Wörter, Mundart und Alltag.
Frauenfeld: Huber 2001
ISBN 3-7193-1212-7

Thomas C. Breuer:
Schweizerkreuz und quer.
Augsburg: Maro, 2001
ISBN 3-87512-256-9

Victor Schobiger:
säit mer soo oder andersch?
dialäkt zum naaschlaa wien in wörterbuech.
Zürich: Schobinger 2001
ISBN 3-908105-61-7

Ganz besonders empfehlenswert ist die Comic-Reihe **s'Knüslis** von Brigitte Fries und Liz Sutter, die in der edition moderne, Zürich, erschienen ist. Einen kleinen Eindruck des durchgängig züritüütschen schwarzen Humors vermitteln die Zeichnungen im vorliegenden Kauderwelsch-Band, die mit freundlicher Genehmigung der edition moderne abgedruckt wurden (ISBN 3-907010-37-X).

Kauderwelsch „Dialekt"

Die Sprache des Alltags – ohne Wenn und Aber:

Das Deutsch, das man in der Schule lernt, ist eine Sache, das, was die Leute sprechen, eine andere.

Die Dialekt-Bände der Reihe KAUDERWELSCH vermitteln einen amüsanten Einblick in die verschiedenen Mundarten des Deutschen, ohne ein Blatt vor den Mund zu nehmen. Jeder Band bietet ca. 1000 Wörter und Wendungen aus dem Alltagswortschatz, praxisnah geordnet und anschaulich erläutert. 96-128 Seiten.

H. und H.-J. Fründt
Plattdüütsch
– das echte Norddeutsch
ISBN 3-89416-322-4

Beyerl, Hirtner, Jatzek
Wienerisch
– das andere Deutsch
ISBN 3-89416-269-4

Raoul H. Niklas Weiss
Elsässisch – die Sprache
der Alemannen
ISBN 3-89416-514-6

S. Burger & A. Schwarz
Schwäbisch – das
Deutsch im Ländle
ISBN 3-89416-327-5

REISE KNOW-HOW Verlag Peter Rump GmbH, Bielefeld

Kauderwelsch „Dialekt" & „Slang"

Die Sprache des Alltags – ohne Wenn und Aber:

E. Bendixen & K. Werner
Sächsisch
– das wahre Deutsch
ISBN 3-89416-264-3

Richard H. Kölbl
Bairisch
– das echte Hochdeutsch
ISBN 3-89416-306-2

Karl-Heinz Henrich
Ruhrdeutsch
– die Sprache des Reviers
ISBN 3-89416-555-3

Sibylle Kohls
Berlinerisch – das
Deutsch der Hauptstadt
ISBN 3-89416-508-1

Michael Blümke
Italienisch Slang – das
andere Italienisch
ISBN 3-89416-300-3

Hermann Kayser
Französisch Slang – das
andere Französisch
ISBN 3-89416-017-9

REISE KNOW-HOW Verlag Peter Rump GmbH, Bielefeld

Register

C

Reiselust

Wer viel unterwegs ist, sollte auf die fundierten Reiseführer von **REISE KNOW-HOW** nicht verzichten:

Schwarz, Frank
Rom und Umgebung
288 Seiten
20,50 DM, € 10,50

Kalmbach, Gabriele
Paris und Umgebung
336 Seiten
20,50 DM, € 10,50

Petro, Jozef
Prag und Umgebung
360 Seiten
20,50 DM, € 10,50

Semsek, Hans-Günther
London und Umgebung
336 Seiten
20,50 DM, € 10,50

REISE KNOW-HOW Verlag Peter Rump GmbH, Bielefeld

Kauderwelsch-Sprechführer

gibt's für unheimlich viele Sprachen:

Afrikaans ● Albanisch ● Amerikanisch – *American Slang, More American Slang,* Amerikanisch oder Britisch? ● Amharisch ● Arabisch – Hocharabisch, für Ägypten, Algerien, Golfstaaten, Irak, Jemen, Marokko, Palästina & Syrien, Sudan, Tunesien ● Armenisch ● *Bairisch* ● Balinesisch* ● Baskisch ● Bengali ● *Berlinerisch* ● Brasilianisch ● Bulgarisch Burmesisch ● Cebuano ● Chinesisch – Hochchinesisch, kulinarisch Dänisch ● Deutsch – *Allemand, Almanca, Duits, German, Nemjetzkii, Tedesco* ● Elsässisch ● Englisch – *British Slang, Australian Slang, Canadian Slang, Neuseeland Slang,* für Australien, für Indien ● Färöisch* Esperanto ● Estnisch ● Finnisch ● Französisch – für Restaurant & Supermarkt, für den Senegal, für Tunesien, *Französisch Slang, Franko-Kanadisch* Galicisch ● Georgisch ● Griechisch ● Guarani ● Gujarati* ● Hausa Hebräisch ● Hieroglyphisch ● Hindi ● Indonesisch ● Irisch-Gälisch Isländisch ● Italienisch – *Italienisch Slang,* für Opernfans, kulinarisch Japanisch ● Javanisch ● Jiddisch ● Kantonesisch ● Kasachisch Katalanisch ● Khmer ● Kirgisisch* ● Kisuaheli ● Kinyarwanda ● *Kölsch* Koreanisch ● Kreol für Trinidad & Tobago* ● Kroatisch ● Kurdisch Laotisch ● Lettisch ● Lëtzebuergesch ● Lingala ● Litauisch Madagassisch ● Mazedonisch ● Malaiisch ● Mallorquinisch ● Maltesisch ● Mandinka ● Marathi* ● Mongolisch ● Nepali ● Niederländisch – *Niederländisch Slang,* Flämisch Norwegisch ● Paschto ● Patois ● Persisch Pidgin-English ● *Plattdüütsch* ● Polnisch ● Portugiesisch ● Punjabi Quechua ● *Ruhrdeutsch* ● Rumänisch ● Russisch ● *Sächsisch Schwäbisch* ● Schwedisch ● *Schwiizertüütsch* ● *Scots* ● Serbisch Singhalesisch ● Sizilianisch ● Slowakisch ● Slowenisch ● Spanisch – *Spanisch Slang,* für Lateinamerika, für Argentinien, Chile, Costa Rica, Cuba, Dominikanische Republik, Ecuador, Guatemala, Honduras, Mexiko, Nicaragua, Panama, Peru, Venezuela, kulinarisch ● Tadschikisch* Tagalog ● Tamil ● Tatarisch ● Thai ● Tibetisch ● Tschechisch Türkisch ● Twi* ● Ukrainisch ● Ungarisch ● Urdu ● Usbekisch Vietnamesisch ● Walisisch ● Weißrussisch ● *Wienerisch* ● Wolof ● Xhosa

REISE KNOW-HOW Verlag, Bielefeld
* in Vorbereitung

Die Autorin

Isabelle Imhof wuchs in der Nähe von Zürich auf. Im Elternhaus wurde neben Schweizerdeutsch auch Französisch gesprochen. Nach ihrer Ausbildung zur Pädagogin und mehrjähriger Arbeit mit Jugendlichen studierte sie in Zürich Anglistik und Germanistik.

Die Beschäftigung mit fremden Sprachen führte irgendwann zur Entdeckung der eigenen und zum spielerischen Vergleich von gesprochener und geschriebener Sprache. Dazu kam die Erkenntnis, dass nördlich des Rheins viele Dinge anders bezeichnet werden oder im Schweizdeutschen andere grammatische Regeln gelten. Die Anregung zu dem Band „Schwiizertüütsch" kam denn auch von Freunden aus der Bundesrepublik.

Isabelle Imhof lebt heute, nach verschiedenen Auslandsaufenthalten, wieder in Zürich und arbeitet als Online-Redakteurin.